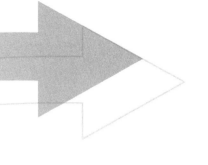

现代配送管理

主　编｜宾　厚　肖　军　夏扬坤

副主编｜（排名不分先后）

王欢芳　徐晶晶　申芳宇

李　烨　杨安妮　黄　颖

刘　妃　徐子澄　冯佳琪

罗子灿　钟　军　黄静寅

周　蓉　杨兴焱　张　运

张路行　王素杰　张悦淋

佘高波　姚秋茹　宾弘翊

参　编｜（排名不分先后）

万茹梦　王　缙　庾　雪

唐　恬　张超凡　江博颀

汪妍蓉　赵　凤　吴　冕

湖南师范大学出版社

·长沙·

图书在版编目（CIP）数据

现代配送管理／宾厚，肖军，夏扬坤主编. —长沙：湖南师范大学出版社，2025.6
ISBN 978 - 7 - 5648 - 5104 - 0

Ⅰ.①现… Ⅱ.①宾… ②肖… ③夏… Ⅲ.①物资配送—物资管理—高等学校—教材
Ⅳ.①F252.14

中国国家版本馆 CIP 数据核字（2023）第 186979 号

现代配送管理
Xiandai Peisong Guanli

宾　厚　肖　军　夏扬坤　主编

◇出 版 人：吴真文
◇策划组稿：李　阳
◇责任编辑：李　阳
◇责任校对：张晓芳　谢兰梅
◇出版发行：湖南师范大学出版社
　　　　　　地址／长沙市岳麓区　邮编／410081
　　　　　　电话／0731-88873071　0731-88873070
　　　　　　网址／https：//press. hunnu. edu. cn
◇经销：新华书店
◇印刷：长沙市宏发印刷有限公司
◇开本：787 mm×1092 mm　1/16
◇印张：10.5
◇字数：250 千字
◇版次：2025 年 6 月第 1 版
◇印次：2025 年 6 月第 1 次印刷
◇书号：ISBN 978 - 7 - 5648 - 5104 - 0
◇定价：68.00 元

凡购本书，如有缺页、倒页、脱页，由本社发行部调换。
投稿热线：0731-88872256　微信：ly13975805626　QQ：1349748847

前　言

　　配送作为物流的基本功能之一，在物流活动中具有一定的地位和作用。同时，随着国家《"十四五"现代物流发展规划》的出台以及"一带一路"的建设，国家越来越重视物流行业的发展。党的二十大报告指出，建设高效顺畅的流通体系，降低物流成本。这对"十四五"现代物流迈向高质量发展提出了战略要求。为了适应我国培养高级物流专业人才的需要，顺应物流管理课程改革的方向，编写组通过广泛调研与充分论证，在深入了解物流行业的基础上，精心编写了《现代配送管理》教材。

一、内容简介

　　全书一共八章，第一章"配送概述"，第二章"配送的组织与实施"，第三章"配送成本管理"，第四章"物流配送信息技术及配送作业装备"，第五章"配送中心的规划与作业流程"，第六章"配送中心运作绩效的评估"，第七章"产业配送管理"，第八章"特殊商品配送管理"。除了衔接紧密、内容连贯的各章节知识内容，还在各章下设置学习目标、练习与思考、章末案例三个栏目。本书根据近几年国家或物流行业颁布的新规定，融入了学科的最新研究成果及发展趋势，在保证教材内容新颖性的同时，较系统地阐述了物流配送管理的知识体系，包括配送的组织与实施、成本管理、信息技术与作业流程等。

　　本教材每个章节的板块可以按照读前、读中、读后部分进行分类：

1. 读前部分

　　在学前先了解本章的学习目标，这样能够为学生进行自主学习提供便利，更好地掌握本章的重点内容。

2. 读中部分

　　教材中设计多个图表，插入一些实物图，同时将概念和数据以图示和表格的形式展现，便于学生理解知识、熟悉数据变化的具体趋势和形成清晰的知识框架。

3. 读后部分

　　包括名词解释、简答题和案例。名词解释帮助学生回忆章节中重要概念，简答题引导学生在理解知识的基础上联系实际适当迁移拓展，重在训练思辨能力。另外，每章后附有案例，可以补充物流配送管理知识，激发学生学习兴趣。

二、特色介绍

1. 定位准确，理念先进

充分体现了"以服务为宗旨、以就业为导向、以能力为本位"的主导思想，目的是提高学生的综合素质和就业竞争能力，同时提高学生对社会需求的适应能力。

2. 内容实用，工学结合

教材编写将企业中的典型案例融入教材当中，体现了教材的适用性和可操作性，紧密结合当今物流领域的实践，从强化培养操作技能的角度出发，体现当前物流业最新的实用知识与操作技术。

3. 体例新颖，形式多样

既包括对先进的西方物流配送管理理论的阐述，又包括国内物流配送管理的各个领域的实践与成功案例分析，以学习目标、练习与思考、章末案例作为每一章的必要构成部分，便于教学。

4. 图文并茂，资源齐备

写作上力求图文结合，使内容与知识形象化，让学生好学易记，并配有可免费下载的教学 PPT。

在此，特别感谢湖南师范大学出版社编辑部主任李阳博士，正是在他的支持和鼓励下，才使得本教材得以顺利与各位读者见面。在本教材编写过程中，参考了国内外有关物流配送管理的大量著作和学术论文，限于篇幅，书后仅列出了其中主要的参考文献。在此，谨向国内外有关作者表示深深的谢意。鉴于编者水平有限，书中不妥之处，恳请专家、同行及读者批评指正。

《现代配送管理》教材编写组

2025 年 6 月

目 录

第一章

配送概述

➤ **学习目标**

通过本章学习，了解配送产生的背景，掌握配送的基本概念，熟悉配送的类型与服务方式，掌握电子商务背景下物流配送的含义及特点。

第一节 ｜ 配送的基本概念与产生背景

一 ｜ 配送的基本概念

配送是物流的基本功能之一，它是一种特殊的、带有现代化特征的物流功能。不同国家在表述配送的内涵时，尚存在着一定的差异。比如美国配送的英语原词为 Delivery，是送货的意思，即强调的是将货物送达。日本对配送最具权威性的解释应该来自《日本工业标准（JIS）物流用语》，该标准将配送定义为："把货物从物流据点送交购货人。"这一定义也强调的是"送货"。1991 年，日本出版的《物流手册》对配送作出了解释："从配送中心到客户之间的物品空间移动，称之为配送。"这一解释从性质上把配送看成是一种运输形式，并局限在一个区域（城市）范围内。如图 1-1 所示：

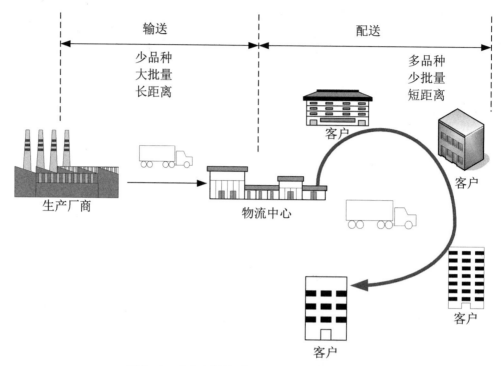

图 1-1 日本出版的《物流手册》中配送的概念

我国学者和实业界人士在学习、引进国外物流科学时，直接使用了日本的"配送"词语。但与此同时，又对配送概念的性质和内涵作出了新的解释，提出了配送的内涵包括"配"与"送"两种活动，并以此为据修正了原有的定义。2021 年 8 月《中华人民共和国国家标准：物流术语》（GB/T 18354—2021）将配送定义为："根据用户要求，对物品进行分类、拣选、集货、包装、组配等作业，并按时送达指定地点的物流活动。"这一定义比较全面地描述了配送的内容和功能。

二 配送产生的背景

配送产生的背景与物流业的发展和经济模式的变革密切相关。从中华人民共和国成立到 1978 年改革开放初期，物流的主要表现形式是"储"与"运"的组合，国有企业是物流业的中坚力量。然而，随着改革开放的逐步推进和经济的快速发展，这一时期的物流业逐渐显得落后，不再适应经济活动的发展需求。改革开放到 2000 年期间，我国经济持续快速发展，各级政府开始积极借鉴西方发达国家的物流发展经验，结合国情，出台各类政策引导物流配送企业深化改革，推动传统储运业向现代物流业转变。进入 21 世纪，特别是在 2000 年到 2010 年之间，物流配送业发展飞速。这一时期，配送行业受到各类政策的支持，城市基础设施也明显改善，我国现代物流业步入快速发展轨道。物流产业规模不断扩大，产业结构发生重大变化，民营物流企业与外资、中外合资物流企业快速发展并形成一定规模，涌现出一批现代化的物流中心、配送中心，区域性物流网络逐步形成。同时，随着电商行业的快速增长，物流配送需求逐年攀升。网购的普及使得快递业务量逐年增长，为物流配送行业提供了巨大的市场空间。这也推动了配送服务的不断升级和创新，以满足消费者对于配送速度、质量和服务水平的需求。近年来，随着人工智能、大数据、物联网等技术的不断发展，物流配送领域也呈现出智能化、科技化的趋势。这些技术的应用不仅提高了配送效率，降低了运营成本，也使得配送服务更加精准、高效和便捷。

综上所述，配送的产生背景是随着物流业的发展和经济模式的变革，为满足市场需求和提高物流效率而产生的。随着技术的不断进步和市场的不断扩大，配送服务将继续发展和完善。

第二节　配送的类型

一　按配送商品的种类和数量分类

（一）少品种大批量配送

一般来说，当客户所需的商品品种较少或对某个品种的商品需求量较大、较稳定时，可实行这种配送形式。这种配送形式由于客户所需商品数量大，而且可使车辆满载并使用大吨位车辆进行运输，往往不需要再与其他商品进行搭配。

（二）多品种小批量配送

多品种小批量配送是按用户要求，将所需的各种物品（每种物品的需求量不大）配备齐全，凑整装车后由配送据点送达用户。这种配送方式作业水平高，配送中心设备复杂，配货送货计划难度大，往往伴随着多用户、多批次的特点，配送频率往往较高，同时符合现代"消费多样化""需求多样化"的新观念。

（三）配套成套配送

这种配送方式是指为满足企业的生产需要，尤其是装配型企业的生产需要，按其生产进度，将需要的各种零配件、部件配齐，定时送达生产线进行组装的一种配送形式。

二 按配送时间及数量分类

(一)定量配送

定量配送是指每次按固定的数量（包括商品的品种）在指定的时间范围内进行配送。这种配送的计划性较强，每次配送的品种、数量固定，备货工作简单。

(二)定时配送

定时配送是指按规定的间隔时间进行配送，如数天或数小时一次等。每次配送的品种和数量可按计划执行，也可按事先商定的联络方式下达配送通知，并按客户要求的品种、数量和时间进行配送。

(三)定时定量配送

定时定量配送是指按规定时间和规定的商品品种及数量进行配送。这种配送方式是定时配送和定量配送的结合，兼有定时、定量两种配送方式的优点。

(四)定时定量定点配送

定时定量定点配送是指按照确定的周期、确定的商品品种和数量、确定的客户进行配送。这种配送形式一般事先由配送中心与客户签订协议，双方严格按协议执行。

(五)定时定路线配送

定时定路线配送是指在规定的运行路线上，制定配送车辆到达时间表，并据此时间表进行配送。

(六)即时配送

即时配送是根据客户突然提出的要货时间、商品品种、数量多少等方面的配送要求，随即进行配送的方式。这是一种灵活性很高的应急方式，它是以某天的任务为目标，在充分掌握了这一天客户需要的送达时间、需求量和种类的前提下，即时安排最优的配送路线，并安排相应的配送车辆实施配送。

三 按配送组织形式不同分类

(一)商店配送

这种配送方式的组织者是商业或物资的门市网点。这些网点主要承担商品的零售业务，规模一般不大，但经营品种较齐全。除日常零售业务外，还可根据客户的要求将商店经营的商品品种配齐，或代客户外购一部分本商店平时不经营的商品，与商店经营的品种一起配齐运送给客户。

（二）配送中心配送

这种配送方式的主要特点是配送活动的组织者是配送中心。这种配送中心的设施及工艺流程是根据配送的需要专门设计的，所以配送能力强、配送距离较远、配送品种多、配送数量大，可以承担企业主要物资的配送以及向配送商店实行补充性配送等。

（三）仓库配送

仓库配送是以一般仓库为物流节点进行配送的形式。这种配送方式可以是把仓库完全改造成配送中心，也可以是在保持仓库原功能的前提下，以仓库原功能为主，再增加一部分配送职能。

（四）生产企业配送

这种配送方式的组织者是生产企业。在配送作业过程中，一般直接由生产企业进行配送，而无须将产品发运到配送中心再进行配送。

四　按配送采用的经营形式不同分类

（一）销售配送

这种配送方式是指销售企业作为销售战略的一部分所进行的促销型配送。一般来讲，这种配送方式的配送对象不固定，用户也往往不固定，而且配送随机性较强，计划性较差。在零售领域，各种类型的商店配送多属于销售配送。

（二）供应配送

这种配送方式是指用户为了自身的供应需要所采取的配送形式，往往由用户或用户集团组建配送节点，集中组织大批量进货，然后向本企业配送或向本企业集团内若干企业进行配送。这种配送方式在大型企业或企业集团、联合公司中采用较多。

（三）销售—供应一体化配送

这种配送方式是指对于基本固定的用户和基本确定的配送产品，销售企业在进行产品销售的同时，为用户提供有计划供应服务的配送方式。

（四）代存代供配送

这种配送方式是指客户将属于自己的货物委托给配送企业代存、代供，有时还委托代订，然后由配送企业组织配送的方式。

五 按配送专业化程度不同分类

（一）综合配送

综合配送是指将若干相关的产品汇集到一个配送据点，由某一个专业组织进行的配送。这种配送方式可以为客户提供比较全面的服务，减轻客户的负担，使其能在短时间内备齐所需要的各种物资。综合配送模式以供应链管理为指导思想，全面系统地优化和整合企业内外部物流资源、物流业务流程和管理流程，对生产、流通过程中的各个环节实现全方位综合配送，以充分提高产品在流通中的时空效应，并为此而形成高效运行的物流配送模式。

（二）专业配送

专业配送是指按产品性状的不同适当地划分专业领域的配送方式。专业配送可按专业的共同要求优化配送设施，优选配送机械及车辆，制定适应性强的工艺流程，从而大大提高配送各环节的工作效率。

综上，配送的种类如表 1 - 1 所示。

表 1 - 1　配送的种类

分类	配送的种类
按配送商品的种类和数量分类	（1）少品种大批量配送 （2）多品种小批量配送 （3）配套成套配送
按配送时间及数量分类	（1）定量配送 （2）定时配送 （3）定时定量配送 （4）定时定量定点配送 （5）定时定路线配送 （6）即时配送
按配送组织形式不同分类	（1）商店配送 （2）配送中心配送 （3）仓库配送 （4）生产企业配送
按配送采用的经营形式不同分类	（1）销售配送 （2）供应配送 （3）销售—供应一体化配送 （4）代存代供配送
按配送专业化程度不同分类	（1）综合配送 （2）专业配送

第三节 | 电子商务下的物流配送

在当今数字化时代，电子商务的迅猛发展已经深刻改变了传统的商业模式和消费习惯。作为电子商务的重要组成部分，配送服务在其中扮演着至关重要的角色。配送不仅关乎商品从卖家到买家的物理转移，更是连接电子商务与现实世界的桥梁。

一 电子商务的概念及优势

电子商务（Electronic Commerce，EC）是在互联网开放的网络环境下，通过计算机网络技术的应用，以电子交易为手段来完成金融、物资、服务和信息价值的交换，快速而有效地从事各种商务活动的一种新型商业运营模式。电子商务的应用有利于满足企业、供应商和消费者对提高产品和服务质量、加快服务速度、降低费用等方面的要求，帮助企业借助网络查询和检索信息来支持决策。

电子商务的优势主要表现在：

（1）电子商务将传统的商务流程数字化、电子化，让传统的商务流程转化为电子流、信息流，突破了时间和空间的局限，大大提高了商务运作的效率，并有效降低了成本。它简化了企业与企业、企业与个人之间的流通环节，从而最大限度地降低了流通成本，有效提高了企业在现代商业活动中的竞争力。

（2）电子商务是基于互联网的一种商务活动，互联网本身具有开放性、全球性的特点。电子商务为企业和个人提供丰富的信息资源，创造了无数的商业机会。在电子商务环境中，客户可以不受时空限制，在全球范围内寻找交易伙伴，选择所需商品。

（3）电子商务将大部分商务活动搬到网上进行，企业可以实行无纸化办公，节省了大量的人力、物力、财力。

二 电子商务下的物流配送

电子商务下的物流配送是一种先进的物流管理模式，它能够有效地提高物流效率、降低物流成本，同时满足客户对商品的需求。

（一）电子商务下物流配送的含义

电子商务下的物流配送，实质上是一种信息化、现代化、社会化的物流配送模式。它是指物流配送企业采用网络化的计算机技术和现代化的硬件设备、软件系统及先进的管理手段，针对社会需求，严格、守信用地按用户的订货要求，进行一系列分类、编配、整理、分工、配货等理货工作，定时、定点、定量地交给没有范围限度的各类用户，满足其对商品的需求。

（二）电子商务下物流配送的特点

电子商务下物流配送除了具备传统物流配送的特征外，还应具备以下基本特征：

1. 物流配送信息化

物流配送信息化表现为物流配送信息的商品化、信息收集的数据库化和代码化、信息处理的电子化和计算机化、信息传递的标准化和实时化、信息存储的数字化等。条码（Bar Code）、数据库技术（Database Technology）、电子订货系统（Electronic Ordering System，EOS）、电子数据交换（Electronic Data Interchange，EDI）、快速反应（Quick Response，QR）及有效的客户反应（Effective Customer Response，ECR）、企业资源计划（Enterprise Resource Planning，ERP）等在物流管理中得到广泛应用。

2. 物流配送自动化

物流配送自动化以信息化为基础，以机电一体化技术为核心，其主要表现为无人化操作，进而实现省力化的效果。此外，物流配送自动化还能显著提升物流作业能力，有效提高劳动生产率，并大幅度减少物流作业中的差错。物流配送自动化的设施包括条码/语音/射频自动识别系统、自动分拣系统、自动存取系统、自动导向车、货物自动跟踪系统等。

3. 物流配送网络化

物流配送网络化的基础是信息化，这里的网络化有两层含义：一是物流配送系统的计算机通信网络；二是组织网络化及所谓的企业内部网（Intranet）。

4. 物流配送智能化

这是物流配送自动化、信息化的一种高层次应用。物流配送作业过程中含有大量的运筹和决策，如库存水平的确定、运输搬运路径的选择、自动导向车的运行轨迹和作业控制、自动分拣机的运行、物流配送中心经营管理的决策支持等问题都需要借助于物流智能化来解决。

5. 物流配送柔性化

柔性化物流正是适应生产、流通与消费的需求而发展起来的新型物流模式。它要求物流配送中心根据消费需求"多品种、小批量、多批次、短周期"的特点，灵活组织和实施物流作业。

练习与思考

1. 电子商务下物流配送如何定义？
2. 如何理解配送的概念及其作用？
3. 电子商务下物流配送的特点是什么？
4. 简述配送是如何进行分类的。

章末案例

戴尔成功的诀窍——高效物流配送

戴尔计算机公司由迈克尔·戴尔于1984年创立，最初名为PC's Limited，1985年发布第一款个人电脑，并迅速凭借直接销售模式和高效的物流配送体系崭露头角。1992年更名为戴尔电脑公司并成功上市，之后逐渐发展成为全球最大的技术公司之一，提供包括PC、服务器、存储器、网络安全、软件、IT咨询和云计算等领域的技术解决方案和服务。2024年，戴尔电脑公司在面临全球经济挑战的情况下，依然展现出稳定的业务韧性和持续的创新能力，第三财季净营收达到243.66亿美元，同比增长10%，净利润11.27亿美元，同比增长12%，整体发展状况良好，销售状况稳健，高效的物流配送继续为其赢得市场和客户的信赖。

戴尔公司分管物流配送的副总裁迪克·亨特一语道破天机："我们只保存可供5天生产的存货，而我们的竞争对手则保存30天、45天甚至90天的存货。这就是区别。"物流配送专家詹姆斯·阿尔里德在其专著《无声的革命》中提出，主要通过提高物流配送打竞争战的时代已经悄悄来临。看清这点的企业和管理人员才是未来竞争激流中的弄潮儿，否则，一个企业将可能在新的物流配送环境下苦苦挣扎，甚至被淘汰出局。亨特在分析戴尔成功的诀窍时说："戴尔总支出的74%用在材料配件购买方面，2010年这方面的总开支高达290亿美元，如果我们能在物流配送方面降低0.1%，就等于我们的生产效率提高了10%。"物流配送对企业的影响之大由此可见一斑。

信息时代，特别是在高科技领域，材料成本随着日趋激烈的竞争而迅速下降。以计算机工业为例，材料配件成本的下降速度为每周1%。从戴尔公司的经验来看，其材料库存量只有5天，当其竞争对手维持4周的库存时，就等于戴尔的材料配件开支与对手相比保持着3%的优势。当产品最终投放市场时，物流配送优势就可转变成2%至3%的产品优势，竞争力的强弱不言而喻。

在提高物流配送效率方面，戴尔和50家材料配件供应商保持着密切、忠实的联系，庞大的跨国集团戴尔所需材料配件的95%都由这50家供应商提供。戴尔与这些供应商每天都要通过网络进行协调沟通：戴尔监控每个零部件的发展情况，并把自己新的要求随时发布在网络上,供所有的供应商参考,提高信息透明度和信息流通效率,并刺激供应商之间的相互竞争;供应商则随时向戴尔通报自己的产品发展、价格变化、存量等方面信息。

几乎所有工厂都会出现过期、过剩的零部件。而高效率的物流配送使戴尔的过期零部件比例保持在材料开支总额的 0.05% ~ 0.1% 之间,2010 年戴尔全年在这方面的损失为 2900 万美金。而这一比例在戴尔的对手企业都高达 2% ~ 3%,在其他工业部门更是高达 4% ~ 5%。

即使是面对如此高效的物流配送,戴尔的副总裁亨特仍不满意:"有人问 5 天的库存量是否为戴尔的最佳物流配送极限,我的回答:当然不是,我们能把它缩短到两天。"

我们看到,一个高效的配送体系给企业带来了巨大的生机。

(资料来源:物流案例:戴尔成功的诀窍——高效物流配送 [EB/OL].(2022 - 04 - 20)[2024 - 10 - 01]. https://wenku.baidu.com/view/d8f11c3acf7931b765ce05087632311 26edb77e2.html.)

第二章

配送的组织与实施

➤ **学习目标**

通过本章的学习，熟悉配送计划的制订；掌握分拣配货作业的方法和车辆配装的操作；掌握配送路线优化的方法；理解配送的系统构成；了解配送设备的维护与管理。

第一节 │ 配送计划的制订与实施

一 配送计划的种类

配送计划一般包括配送主计划、每日配送计划和特殊配送计划。

配送主计划：指在未来一定时期内，根据已知的客户需求进行前期配送规划，以便合理安排车辆、人员以及成本等资源，从而满足客户的需求。

每日配送计划：针对上述配送主计划，逐日进行实际配送作业的调度计划。例如订单增减、取消、配送任务细分、时间安排、车辆调度等。制订每日配送计划的目的是，使配送作业有章可循，成为例行事务，做到忙中有序。

特殊配送计划：指针对突发事件或不在主计划规划范围内的配送业务，或者不影响正常每日配送业务所做的计划，是配送主计划和每日配送计划的补充。

二 配送计划制订的主要依据与步骤

（一）配送计划制订的主要依据

制订配送计划的主要依据是：

（1）根据订货合同的副本，确定用户的送达地、接货人、拣货方式及用户订货的品种、规格数量、送货时间等。

（2）根据配送商品的形态、运输要求决定运输工具及装卸搬运方法。

（3）根据分日、分时的运力配置情况，决定是否要临时增减配送业务。

（4）充分考虑配送中心到送达地之间的道路水平和交通条件。

（5）调查各配送地点的商品品种、规格、数量是否能保证配送任务的完成。

（二）配送计划制订的步骤

一个高效的配送计划是在分析外部需求和内部条件的基础上按一定的程序制订出来的，这个程序如图 2 - 1 所示：

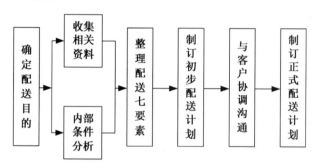

图 2 - 1　制订配送计划的步骤

1. 确定配送目的

配送目的是指一定时期内配送工作所达到的结果。鉴于配送目的各异，具体的计划安排亦需相应调整。

2. 收集相关资料

需要调查收集的资料有：配送活动的主要标的物情况，如原材料、零部件、半成品、产成品等；当年销售计划、生产计划、流通渠道的规模以及变化情况、配送中心的数量、规模、运输费用、仓储费用、管理费用等数据；竞争对手的情况。

3. 内部条件分析

配送往往受到自身的能力和资源的限制，故要对配送中心的配送人员（司机或者配送业务员）、车辆及其他配送设施进行分析，确定配送能力。

4. 整理配送七要素

配送七要素是指货物、客户、车辆、人员、路线、地点、时间这七项内容，也称作配送的功能要素。在制订计划时要对这些要素进行综合分析。

5. 制订初步配送计划

在完成上述步骤之后，结合自身能力以及客户需求，便可以初步确定配送计划。初步配送计划应该包括配送线路的确定原则、每日最大配送量、配送业务的起止时间、使用车辆的种类等。

6. 与客户协调沟通

在制订了初步的配送计划之后，再进一步与客户进行协调沟通，充分听取客户意见，共同完善配送计划。同时，应让客户了解其现有的各项作业环节在未来操作过程中可能出现的各种变化情况，以免客户的期望与具体操作产生落差。

7. 制订正式配送计划

经过与客户若干次协调沟通之后，初步配送计划经过反复修改后最终确定。

三　配送计划的内容

一项较完整的配送计划主要包括以下内容：

（一）分配配送地点、数量与任务

在配送作业中，配送地点、数量与配送服务水平有密切关系。应有针对性地综合考虑车辆数量、地点的特征、距离、线路，将配送任务合理分配，使配送任务达到配送路线最短、所用车辆最少、总成本最低和服务水平最高的目标。

（二）确定车辆数量

车辆数量很大程度上影响配送时效。如何能在客户规定的时间内将货物送达，与合理经济的车辆数量配置有十分密切的关系。如何能在有限的资源能力范围内最大限度地满足客户需求，是在制订配送计划过程中应该注意的问题。

（三）确定车队构成以及车辆组合

配送车队一般应根据配送量、货物特征、配送路线、配送成本进行自有车辆组合。同时，必要时也可考虑适当地选用外来车辆组建配送车队，适当地调整自有车辆与外来车辆的比例，以适应客户需求变化，有效地调度自有车辆，并降低运营成本。

（四）控制车辆最长行驶里程

在制订配送计划的人员配置计划时，应尽量避免由于司机疲劳驾驶而造成的交通隐患，全方位保证人员以及货物安全。通常可以通过核定行驶里程和行驶时间评估工作量，有效避免司机超负荷作业。

（五）限制车辆容积、载重

选定配送车辆需要根据车辆本身的容积、载重限制，结合货物自身的体积、重量考虑最大装载量，充分利用车辆的有限空间，并降低配送成本。

（六）选择路网结构

通常情况下，配送中心辐射范围为 60 公里，也就是说以配送中心所在地为圆心，半径 60 公里以内的配送地点，均属于配送中心的服务范围。这些配送地点之间可以构建出众多的区域路网结构，所有的配送方案都应该满足这些区域路网结构内的各个配送地点的要求。

（七）确定时间范围

客户通常根据自身需要指定配送时间，这些特定的时间段往往在特定路段与上下班高峰期重合，因此在制订配送计划时应对交通流量等影响因素予以充分考虑，或者与客户协商，尽量选择夜间配送、凌晨配送、假期配送等方式。

（八）衔接客户作业层面

配送计划应紧密衔接客户作业层面，需要考虑客户需求、订单处理、货物装载、运输安排以及最终的货物交付等各个作业环节。

（九）达到最佳化目标

物流配送的最佳化目标是指按"四最"的标准，在客户指定的时间范围内，准确无误地按客户需求将货物送达指定地点。"四最"是指配送路线最短、所用车辆最少、作业总成本最低、服务水平最高。

四　配送计划的实施

配送计划的实施过程，通常分为三个步骤：

（一）下达配送计划

配送计划确定后，将到货时间、到货品种、规格、数量以及车辆型号分别通知用户和配送点，以便用户做好接货准备，配送点做好配送准备。

（二）按计划给配送点进行配货

各配送点按配送计划审定库存物品的保有程度，若有缺货情况应立即组织进货。同时配送点各职能部门按配送计划进行配货、分货包装、配装等工作。

（三）装车发运

各理货部门按计划将用户所需的各种货物进行分货及配货，然后进行适当的包装并详细标明用户名称、地址、送达时间以及货物明细，按计划将各用户货物组合、装车，发货车辆按指定的路线送达各用户，并通知财务结算，完成配送工作。

第二节 ┃ 配货作业

一 配货作业方法

配货作业有两种方法：摘取方式和播种方式。配货时大多是按照入库日期的"先进先出"原则进行。

（一）摘取方式

摘取方式又称拣选方式，是在配送中心分别为每个用户拣选其所需货物，此方法的特点是配送中心的每种货物的位置是固定的，适用于货物类型多、数量少的情况。

1. 摘取式的工艺流程

进行拣选式配货时，以出货单为准，每位拣货员按照品类顺序或储位顺序，到每种品类的储位下层的拣货区拣取出货单上该品类的数量，码放在托盘上，再继续拣取下一个品类，一直到该出货单拣取结束后，将拣好的货品与出货单置放于待运区指定的位置，再由出货验收人员接收。（参见图 2 – 2）

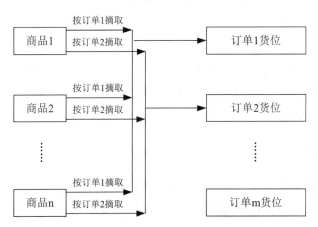

图 2 – 2 拣选（摘取）配货方式作业原理

这种方式好比农夫背个篓子在果园里摘水果，从果园的这一头一路走到另一头，沿途摘取所需要的水果。因此被称为"摘取式"。

2. 摘取式的优点

摘取式配货以出货单为单位，出错的概率较小，而且易于追查，有利于使配货准确无误。对某个用户来讲可以不受其他因素制约进行快速配货，可以按用户要求的时间，调整配货的先后次序，而且配好的货可以做到不经分放直接装到送货车辆上，有利于简化工序、提高效率。

3. 摘取式的缺点

一是重复作业多，尤其是热销商品，几乎每张出货单都要走一趟仓库，容易在这个区域造成进出交通拥堵、补货不及时等现象。二是人力负荷重，出货单的品类多，尤其是每种货物的需求量越少，人力作业负担越重。

4. 摘取式的适用范围

（1）用户订单数量较少，但种类较多。

（2）各用户需求的货物种类有较大差别。

（3）同一用户需要的每种货物数量相差较大。

（4）用户的临时紧急需求。

（5）较大件的货物拣取。

5. 摘取式的设备配置

（1）人力拣选：由拣货员执出库单巡回取货或反复取货，将出库单上的货配齐，拣选重量以人体搬运重量最大值为限。

（2）人力+手推作业车拣选：拣货员推手推车巡回或反复取货将货配齐，拣选重量以手推车载运量为限。

（3）机动作业车拣选：拣货员在车辆上分装拣选容器，拣选的货直接装入容器，拣选结束后，整个容器卸到指定货位或直接移至送货车上。

（4）传送带拣选：拣货员固定在各个货位，按指令将货物拣出并放置在传送带上，传送带将货物运送到终端，完成配货。

（5）拣选机械自动拣选：自动拣货机在货架前根据指令自动取出单元货物进行配货。

（6）回转货架拣选：拣货员在固定位置，按拣货单操作回转货架，将货架转至拣货员，然后按订单进行拣货。

（二）播种方式

播种方式，又称分货方式，是将需配送的同一种货物，从配送中心集中搬运到发货场地，然后再根据各用户对该种货物的需求量进行二次分配。这种方式适用于货物易集中移动且对同一种货物需求量较大的情况。

1. 播种式的作业流程

播种式配货的原理和摘取式完全不同，除了单一的出货单以外，还需要有各个出库商品品类的总数量。拣货员按照"拣货总表"的品类总量，到指定储位下层的拣货区一次取一个品类的货物。在拣送完一个商品品类后，应将其移至待验区，并依据出货单上的代码，精准放置对应数量的商品，以确保出货的准确性和高效性。（参见图 2 – 3）

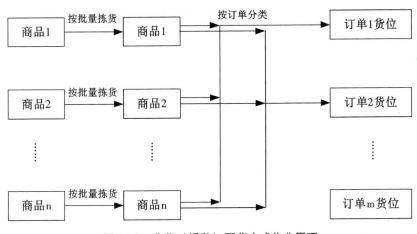

图 2 – 3　分货（播种）配货方式作业原理

2. 播种式的优点

先集中再分类的工作流程，可以缩短拣货员拣取货物的行走时间，增加单位时间的拣货效率；同一商品配货批量大，利于采用机械化、自动化分拣系统。

3. 播种式的缺点

此方法的缺点在于其需要占用较大的空间作为待验区，这可能导致存储空间的不足，增加了物流管理的难度和成本。此外，播种方法还需要等待订单累积到一定数量后才进行处理，可能延长订单处理时间，影响交货的及时性。同时，由于需要进行商品暂存和分拣，播种式配货可能增加操作过程中的错误率，从而影响配送的准确性和客户满意度。

4. 播种式的适用范围

（1）订单数量较大：播种法适用于处理大量的订单，通过集中处理多个订单，可以有效地提高分拣和配货的效率。

（2）商品品种相对集中：当商品品种相对集中时，可以更快速地将商品按照订单需求进行分类和配货。

（3）存储空间相对充足：播种法需要一定的存储空间来暂存已分拣好的商品，等待后续的配货操作。

（4）对订单处理时间要求相对宽松：由于播种法需要等待订单累积到一定数量后才进行处理，这可能会导致订单处理时间相对较长。因此，对于那些对订单处理时间要求不是特别严格的情况，播种法可能是一个合适的选择。

5. 播种式的设备配置

（1）人力分货：由配货员集中取出货物，在各用户订单的货位之间巡回，逐一将货物分配到对应的订单中，如此反复来完成配货。

（2）人力＋手推作业车分货：配货员用手推作业车将货集中取出，巡回分放。

（3）机动作业车分货：配货人员驾驶车辆集中取出货物，巡回分放。

（4）传送带＋人力分货：传送带一端路经各储存点，集中取货，在运行过程中，各配货员从传送带上取下某用户所需之货，完成配货。

（5）分货机自动分货：分货机一端集中取出货物，在分货过程中，按指令自动进入分支口，完成配货。

（6）回转货架分货：回转式货架结合了分货、拣选两种工艺优点，也是一种分货形式。在具体操作时，可按单个货单拣货，也可将多个货单汇集分货。

二　配送车辆的配装

（一）车辆配装的概念

车辆配装是指在物流配送过程中，根据货物的性质、数量、目的地以及车辆的载重、容积等条件，将货物合理、有效地装载到运输车辆上，以达到运输效率最大化、成本最小化和运输安全的目的。

（二）车辆配装的原则

一般按下列原则进行：

（1）外观相近、容易混淆的货物分开装载，以便减少差错。

（2）轻重不同的货物，重在下轻在上；体积大小不同的货物，大在下小在上。

（3）按确定的送货线路，要先送后装。

（4）货与货之间，货与车厢之间应留有空隙并适当衬垫，防止货损。

（5）互串味的货物不混装。

（6）尽量不将散发粉尘的货物与清洁货物混装。

（7）切勿将渗水货物与易受潮货物一同存放。

（8）包装不同的货物应分开装载，如板条箱货物不要与纸箱、袋装货物堆放在一起。

（9）具有尖角或其他突出物的货物应和其他货物分开装载或用木板隔离，以免损伤其他货物。

（10）装载易滚动的卷状、桶状货物，要垂直摆放；装货完毕，应在门端处采取适当的稳固措施，以防开门卸货时，货物倾倒造成货损或人身伤亡。

（三）车辆配装方法

下面介绍两种常用的车辆配装方法。

1. 容重配装简单计算法

设需配送两种货物，A 类货物，容重为 R_A kg/cm^3，A 类货物单件体积为 V_A m^3/件；B 类货物，容重为 R_B kg/cm^3，B 类货物单件体积为 V_B m^3/件；车辆载重 G t，车辆最大容积为 V m^3。试计算最佳配装方案，设车辆有效容积为 $V \times 90\%$（考虑到货物 A、B 尺寸的组合不能正好填满车辆内部空间，以及装车后可能存在无法利用的空间）。

在既满载又满容的前提下，设货物 A 装入数为 X 件，货物 B 装入数为 Y 件，则：

$$X V_A + Y V_B = V \times 90\%$$

$$X R_A V_A + Y R_B V_B = G$$

解方程组，求得 X,Y 之值即为配装数值。

上述例子是只有两种货物的配装，如果在配装货物种类和车辆种类较多的情况下，可以先从多种配送货物中选出容重最大和容重最小的两种进行配装，然后根据剩余的车辆载重与空间，在其他待装货物中再选出容重最大和容重最小的两种进行配装。以此类推，可求出最佳配装结果。

2. 动态规划法

动态规划的设计一般要经历以下几个步骤：

初始状态 → 决策 1 → 决策 2 → … → 决策 n → 结束状态

设车辆的额定载重量为 W，可用于配送 n 种不同的货物，货物的重量分别为 $W_1,W_2,W_3 \cdots W_n$，每种货物分别对应于一个价值系数，用 $P_1,P_2 \cdots P_n$ 表示，它表示货物重量、价值、运费等。设 X_i 表示第 i 种货物的装入数量，则装货问题可表示为：

$$\text{Max } F_{(w)} = \sum P_i X_i$$

$$\sum W_i X_i \leqslant G$$

$$X_i \geqslant 0 \, (i = 1,2 \cdots n)$$

可以采用运筹学中动态规划思想求解上述问题，即把每装入一件货物作为一个阶段，把装货问题转化为动态规划问题。动态规划问题求解过程是从最后一个阶段开始，由后向前推进。

例如：

现有载重量为 8 t 的载重汽车，运输四种机电产品，其重量分别为 3 t、3 t、4 t、5 t，表 2-1 给出了四种机电产品的重量和价值系数。试问：在不考虑容积的情况下，如何配装才能充分利用货车的运作能力？

本例中的价值系数即产品重量。按机电产品种类，可划分为四个阶段，用动态规划方法求解，可得到三种最优方案：

①$x_1 = 1$，$x_2 = 0$，$x_3 = 0$，$x_4 = 1$，即装载机电产品 1 和机电产品 4 各一件。

②$x_1 = 0$，$x_2 = 1$，$x_3 = 0$，$x_4 = 1$，即装载机电产品 2 和机电产品 4 各一件。

③$x_1 = 0$，$x_2 = 0$，$x_3 = 2$，$x_4 = 0$，即装载机电产品 3 为 2 件。

上述三种配载方式都能够使货车达到最大载重量 8 t。

表 2 - 1　四种机电产品的重量和价值系数

机电产品号	重量/t	价值系数	机电产品号	重量/t	价值系数
1	3	3	3	4	4
2	3	3	4	5	5

第三节　｜　配送路线选择

一　配送路线的确定目标和约束条件

配送路线是指各送货车辆给各个客户送货时所要经过的路线。配送路线合理与否对配送速度、成本、效益影响很大，采用科学合理的方法来确定配送路线，是配送活动中非常重要的一项工作。

确定配送路线一般采取各种数学方法和在数学方法基础上发展和演变出来的经验方法进行定量分析与定性分析。但对复杂的配送路线的确定最好是利用数学模型转换成计算机程序软件来求出最优配送路线方案。

（一）确定目标

配送路线选择目标是根据配送的具体要求、配送中心的实力及客观条件来确定，可以有多种备选方案：

（1）以利润最高为目标。这是指在规划配送路线时，以最大化企业的经济利润为首要目标。这意味着在选择配送路线时，配送企业不仅要考虑直接的成本因素，如运输成本、人力成本等，还要综合考虑这些因素与预期收益之间的关系。

（2）以成本最低为目标。这意味着配送企业在规划配送路线时，将最小化总成本作为核心决策依据。这涉及直接成本和间接成本的全面考量。直接成本包括运输成本、车辆维护费用、燃料费用以及配送人员的工资等。间接成本则可能涉及库存持有成本、订单处理成本以及由于配送延迟或错误导致的罚款或客户流失等。

（3）以路程最短为目标。这意味着在规划配送路径时，配送企业会优先考虑选择行驶距离最短的路线。这种选择的主要目的是减少运输过程中的时间和成本，提高配送效率。通过选择路程最短的路线，配送企业可以减少车辆的行驶距离，从而降低燃油消耗、减少车辆磨损和维护成本，以及缩短配送时间。

（4）以吨公里数（t·km）最小为目标。这意味着在规划配送路径时，配送企业会力求使每辆配送车辆所承载的货物总重量与行驶的总公里数之比达到最小。吨公里数是一个用来衡量运输效率和经济性的重要指标，它表示每吨货物被运输一公里所需的成本。

（5）以准确性最高为目标。这意味着在规划配送路径时，配送企业会优先考虑那些能够确保将货物准确、无误地送达客户手中的路线。这要求配送企业在制订配送计划时，不仅要考虑路线的效率和成本，还要综合考虑路线的可靠性、稳定性和安全性等因素。

（6）以运力利用最合理为目标。这是指在规划配送路径时，配送企业力求使运输资源的利用效率达到最高，实现运力的最优化分配。这意味着要综合考虑车辆的载重能力、运输距离、配送时间等因素，确保每辆配送车辆都能在最合适的时机和路线上进行配送，避免运力的浪费和过剩。

（7）以劳动消耗最少为目标。这意味着在规划配送路径时，配送企业力求通过优化配送流程、减少不必要的转运和等待时间，以及提高配送效率，从而减少劳动力、时间和资源的消耗。

（二）确定配送路线的约束条件

一般确定配送路线的约束条件有以下几项：

（1）满足收货人对货物品种、规格、数量的要求。

（2）满足收货人对货物送达时间范围的要求。

（3）在允许通行的时间内进行配送。

（4）每条配送路线的货物量不得超过车辆容积和载重量的限制。

（5）在配送中心现有运力允许的范围内配送。

二 配送路线优化的方法

（一）单回路运输 TSP 问题

单回路运输问题是指在物流配送过程中，配送车辆从起点出发，经过一系列的客户点，最终返回起点的运输路径规划问题。在单回路运输中，每个配送车辆都需要完成一条从起点到终点的完整路径，不允许多个配送车辆在同一条路径上相遇或交换货物。

旅行商问题（TSP，Traveling Salesman Problem）是一个经典的组合优化问题，它涉及寻找一个最短的可能路线，使得一个旅行商能够访问一系列的城市并恰好只访问每个城市一次，最后返回起始城市。这个问题中的"城市"可以代表物流配送中的客户点、旅游景点或其他需要访问的地点。旅行商问题的目标是最小化旅行商访问所有城市并返回起点的总距离或总时间。由于这个问题涉及大量的排列组合，随着城市数量的增加，可能的路径数量呈指数级增长，因此求解变得非常复杂。为了解决旅行商问题，人们已经开发了多种算法和启发式方法，如分支限界法、动态规划、遗传算法、模拟退火等。这些算法在实际应用中可以根据问题的规模和复杂程度进行选择，以接近最优解。下面介绍两种启发式算法求解 TSP 问题。

1. 最近邻点法

最近邻点法是1977年罗森克兰茨和斯特恩提出解决 TSP 问题的算法。该方法的计算过程比较简便，但是很多情况下只能找到近似解，找不到最优解，可以作为进一步优化的初始解。

最近邻点法主要包括四个步骤：

（1）从零点开始，将零点作为整个回路的起点；

（2）找到距离刚加入回路的上一个顶点最近的一个顶点，并将其加入回路中；

（3）重复步骤（2），直到集合中所有的顶点都加入回路中；

（4）最后，将最后一个加入的顶点和起点连接起来。

2. 最近插入法

最近插入法是罗森克兰茨和斯特恩提出的另一种解决 TSP 问题的算法，这种算法比最近邻点法复杂，可得到比较满意的解。

最近插入法也包括四个步骤：

（1）找到 C_{1k} 中最小的节点 V_k，形成一个子回路，$T = \{V_1, V_k, V_1\}$；

（2）在剩下的节点中，寻找一个离子回路中某一个节点最近的 V_k；

（3）在子回路中找到一条弧 (i, j)，使得 $C_{ik} + C_{kj} + C_{ij}$ 最小，然后将节点插入到 V_i 和 V_j 之间，用两条新的弧 (i, k) 和 (k, j) 代替原来的弧 (i, j)，并将节点 V_k 加入子回路中；

（4）重复步骤（2）和（3），直到所有节点都加入子回路中。

在处理现实生活中的具体问题时，可以对 TSP 附加一些限制性条件，例如在模型中假设该旅行者的时间有限，进而添加相应的时间约束等，从而衍生出许多和 TSP 相关的问题。

（二）多回路运输 VRP 问题

车辆路线安排问题（VRP, Vehicle Routing Problem）是物流领域中的一个重要问题，旨在规划最优的车辆配送路线，以满足客户的配送需求并最小化总成本。该问题涉及多个客户点的配送任务，每个客户点有一定数量的货物需要配送，而配送企业拥有一定数量的车辆来完成这些任务。车辆路线安排问题的目标是在满足所有客户配送需求的同时，最小化配送过程中的总成本，包括车辆运输成本、固定成本、等待成本等。为了实现这一目标，需要合理安排车辆的配送路线和顺序，确保每个客户点都能在规定时间内得到配送，并且车辆的装载量不超过其容量限制。下面介绍启发式算法中最具有代表性的节约法（节约里程法或 VSP 规划法），该方法由克拉克和怀特提出，用于求解 VRP 问题。

1. 节约法的基本思路

利用节约法确定配送方案的主要思路是：根据配送中心的运输能力（包括车辆的数量和载重量）和配送中心到客户之间的距离及其各客户之间的相对距离来制定配送方案，使总的配送车辆吨公里数达到或接近最小，并提出以下假设：

（1）配送的是同一种或相类似的货物；

（2）各用户的位置及需求量已知；

（3）配送中心有足够的运输能力。

利用节约法制定出的配送方案除了使配送总吨公里数（t·km）最小外，还应满足以下条件：

（1）方案能满足所有用户的要求；

（2）任何车辆均不得超出其核定载重限制；

（3）每辆车每天的总运行时间或行驶里程不超过规定的上限；

（4）方案能满足所有用户的到货时间要求。

2. 节约法的基本思想和求解步骤

节约法的基本思想是为达到高效率的配送，使配送的时间最短、距离最短、成本最低，从而寻找到最佳配送路线。

如图 2–4 所示，设 P_0 为配送中心，分别向用户 P_i 和 P_j 送货。P_0 到 P_i 和 P_j 的距离分别为 d_{0i} 和 d_{0j}，两个用户 P_i 和 P_j 之间的距离为 d_{ij}，送货方案只有两种，即配送中心 P_0 向用户 P_i、P_j 分别送货和配送中心 P_0 向用户 P_i、P_j 同时送货。比较两种配送方案：

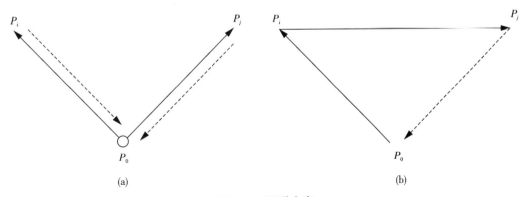

图 2–4　配送方案

方案（a）的配送路线为 $P_0 \rightarrow P_i \rightarrow P_0 \rightarrow P_j \rightarrow P_0$，配送距离为 $d_a = 2d_{0i} + 2d_{0j}$；

方案（b）的配送路线 $P_0 \rightarrow P_i \rightarrow P_j \rightarrow P_0$，配送距离为 $d_b = d_{0i} + d_{0j} + d_{ij}$。

显然，d_a 不等于 d_b，我们用 S_{ij} 表示里程节约量，即方案（b）比方案（a）节约的配送里程：

$$S_{ij} = d_{oi} + d_{oj} - d_{ij}$$

根据节约法的基本思想，如果一个配送中心P_0分别向N个客户P_j（$j=1$，$2\cdots n$）配送货物，在汽车载重能力允许的前提下，每辆汽车的配送线路上经过的客户个数越多，里程节约量越大，配送线路越合理。

3. 使用节约法的注意事项

（1）适用于需求稳定的客户；

（2）对于需求不稳定的顾客，采用其他配送策略，或并入富有余力的配送方案中；

（3）最终确定的配送方案要充分听取司机及现场工作人员的意见；

（4）每条配送路线的负荷量尽量调整平衡；

（5）要充分考虑道路运输状况；

（6）预测客户需求的变化及发展趋势；

（7）要考虑到司机的作息时间及指定的交货时间。

第四节　　配送作业组织

一　配送的系统构成

从总体上看，配送系统是由备货、储存、理货、送货和流通加工等若干基本环节组成的。

（一）备货

在配送作业中，备货是关键的一环。以下是组织备货的步骤：

（1）确认需求：首先需要确认配送的需求，包括客户的订单要求、商品种类、数量、配送时间等。

（2）制订备货计划：根据确认的需求，制订备货计划。备货计划需要考虑货物的采购、储存、分拣、配货等环节。

（3）采购货物：根据备货计划，通过供应商或自行采购所需的货物。

（4）储存货物：采购的货物需要储存和管理。可以根据货物的特性、需求等将货物分类储存，并对货物进行编号和管理，以便后续的分拣和配货作业。

（5）分拣货物：根据客户的订单要求，对储存的货物进行分拣。分拣时需要注意货物的种类、数量、质量等，确保分拣的货物符合客户要求。

（6）配货作业：根据分拣结果，将货物按照客户订单要求进行配货。配货时需要注意货物的种类、数量、配送地址等，确保配货准确无误。

（7）装车配送：将配好的货物装车，按照配送计划进行配送。在配送过程中需要注意货物的安全和完好。

（8）反馈和调整：根据客户反馈和实际送货情况，对备货计划和配送计划进行调整和优化，以提高配送效率和客户满意度。

总之，在配送作业中，备货需要按照一定的步骤进行组织和实施。从确认需求开始，到采购、储存、分拣、配货、装车配送等环节，都需要制订详细的计划并严格执行。同时还需要根据实际情况进行反馈和调整，以提高配送效率和客户满意度。

（二）储存

配送储存阶段的库存管理包括进货入库作业管理、在库保管作业管理和库存控制三大部分。

1. 进货入库作业管理

进货入库作业是实现商品配送的前置工作。在商品入库前，按照单据上所列的商品数量、品种规格等内容，确认即将入库的商品有无损坏，数量种类是否正确，这是对进货人员最基本的工作要求。同时，进货人员要随时掌握企业（或客户）计划中或在途中的进货量、可用的库房空储仓位、装卸人员等情况，并适时与企业总部、客户、仓储保管人员、装卸人员进行沟通。

2. 在库保管作业管理

储存商品的在库保管作业，除加强商品养护，确保储存商品质量安全，最大限度地保持商品在储存期内的使用价值和减少商品保管损失外，还要加强储位合理化工作和储存商品的数量管理工作。储位即商品的储存位置，商品储位可根据商品属性、周转率、理货单位等因素来确定。储存商品的数量管理必须依靠健全的商品财务制度和盘点制度，商品账务必须以合法的进出仓凭证为依据。

3. 库存控制

一般配送仓库和配送中心是配送系统集中库存所在地，在保证配送服务的前提下，控制库存货品数量和保证库存储备量是库存控制的两项主要工作。

（三）理货

理货作业是配送中心的核心作业，根据不同客户的订单要求，主要进行货物的拣选、分货等工作。

拣选是配送中心作业活动中的核心内容。所谓拣选，就是按订单或出库单的要求，从储存场所选出物品，并放置在指定地点的作业。要在短时间内，高效率、准确地完成上百种甚至更多种商品的遴选，是一项较为复杂的工作。

分货即为货物分组，要把集中拣选出来的商品按店铺、配送车辆、配送路线等分组，分别码放在指定的场所，以便配送中心能按照客户的订单要求及时将货物送达到客户手中。其中，要进行配货检验和包装环节。

配货检验作业是指根据用户信息和车次对拣送物品进行商品编码和数量的核实，以及对产品状态、品质进行检查，如图2-5所示。

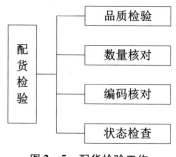

图2-5　配货检验工作

（四）送货

送货是配送活动的核心，也是备货和理货工序的延伸。在送货过程中，需要对运输方式、运输路线和运输工具进行选择。根据配送合理化的要求，必须在全面计划的基础上，制订科学的、距离较短的货运路线，选择经济、迅速、安全的运输方式和适宜的运输工具。

（五）流通加工

在配送过程中，根据用户要求或配送对象的特点，有时需要在未配货之前先对商品进行加工，以求提高配送质量，更好地满足用户需要。通过流通加工，可以大大提高用户的满意程度和资源的利用率。

二　配送的一般作业流程

随着商品日益丰富，消费需求日趋个性化、多样化，多品种、小批量、多批次、多用户的配送服务方式，最能有效地通过配送服务实现流通终端的资源配置，是当下典型的配送活动形式。配送的一般作业流程如图2-6所示。

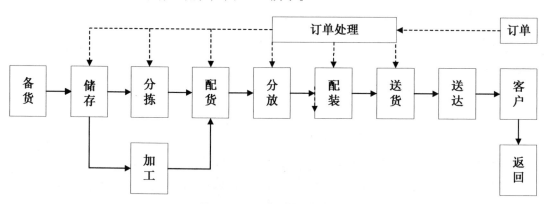

图2-6　配送一般业务流程

第五节 ｜ 不同类型货物配送作业流程模式

不同产品因其性质、形态、包装不同，采用的配送方法、配送作业流程也不一样。根据产品特性，可以归纳为五大类别的货物配送作业流程模式。

一 中、小件杂货型产品的配送作业流程

（一）产品的含义及特点

中、小件杂货型产品是指各种包装形态及非包装形态的，能够混存混装的，种类、品种、规格复杂多样的中、小件产品。如日用百货、小件机电产品、五金工具、书籍等。

这一类产品的共同特点是：可以通过外包装改变组合数量；可以以内包装直接放入配送箱、盘等工具中；由于有确定包装，可以混载到车辆和托盘上；产品个体尺寸不大，可以存放于单元货格等仓库之中。

（二）配送作业流程

中、小件杂货型产品的配送作业流程如图2-7所示。

图2-7　中、小件杂货型产品的配送作业流程

（三）配送服务方式

由于这一类产品种类、品种、规格复杂多样，一般属于多品种、小批量、多批次的配送类型。这类产品的配送频率高，且需求的计划性不强，具体表现为配送用户、配送量、配送路线的不确定性，甚至每日的配送都要对配装、路线进行实时选择。为了满足这些需求，配送企业往往需要根据临时的订货协议组织配送。因此，这类产品经常采用定时配送服务方式。

二 长条及板块型产品的配送作业流程

（一）产品的含义及特点

长条及板块型产品是指以捆装或裸装为主，且基本是以块状、板状及条形状为主的产品。如黑色金属材料、有色金属材料、玻璃、木材及其制品。

这一类产品的共同特点是：尺寸宽或长、重量大、体积大；少有或没有包装；对保管、装运条件虽有要求，但除玻璃产品外，其他均不严格；操作较粗放，可以露天存放，较容易进行混装。

（二）配送作业流程

配送作业按下列流程进行：

1. 订单接收与处理

在接收到客户的订单后，配送中心或物流公司开始处理订单信息，包括商品种类、数量、配送地址等。

2. 仓库拣货

根据订单中的商品信息，仓库工作人员在仓库中进行拣货操作，选择对应的长条及板块型产品，并按照订单要求进行分类和打包。

3. 装车与配载

拣货完成后，将打包好的长条及板块型产品装载到配送车辆中，并进行合理的配载，以确保货物的安全和有效利用车辆空间。

4. 运输配送

配送车辆根据订单中的配送地址，按照事先规划好的路线进行运输配送。司机和配送员负责将货物送达客户指定的目的地。

5. 派送和签收

配送员到达客户指定的配送地址后，将货物送至客户门前或指定位置。客户在验收货物无误后进行签收，可以进行必要的检查和确认。

6. 回单和记录

配送员在客户签收后，向客户提供回单，并记录签收信息和配送状态。这些信息将用于后续的订单跟踪和服务评价。

7. 售后服务

如果客户对货物有任何问题或需要售后服务，配送中心或物流公司将及时响应，并处理客户的投诉或需求，以确保客户满意度。

（三）配送服务方式

该类产品一般对配送相配套和衔接的机械装备要求较高。配送企业可以采取定时配送、定量配送、共同配送服务方式。

三 粉状类产品的配送作业流程

（一）粉状类产品的含义及特点

粉状类产品是指粉末、散状形态存在的物品及其制品，如完全无包装的、批量大且易散失、风蚀、自燃的各种煤及煤制品，散装或袋装易受潮变性的水泥和水泥性状相近的石灰等粉状材料等。

由于粉状产品易于飘散、受潮和污染，配送过程中需要用密封性良好的包装材料，并严格控制温度和湿度条件。

（二）配送作业流程

粉状类产品的配送作业流程如图2－8所示。

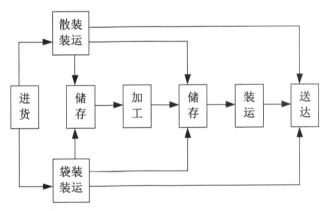

图2－8　粉状类产品的配送作业流程

粉状类产品一般有袋装、散装两种运送形态，这一类产品有三种不同的配送作业路线。第一种作业路线是散装或袋装装运直接送达用户；第二种作业路线是散装或袋装装运经储存后再送达至用户；第三种作业路线是经储存加工后再送达用户，一般在配送中心或配送中心附近设置加工环节，如配煤及成形煤加工。

四 石油与化工产品的配送作业流程

（一）产品的含义及特点

石油产品主要指石油制成品，如汽油、柴油、机油等液体燃料和易燃、易爆的液化石油气等气体状产品。

化工产品是指通过化学反应或物理过程从天然资源或其他化工原料中制得的化学物质。它们可能是危险品或易燃易爆物质，需要特殊的处理和运输条件。化工产品在配送过程中需要采用特殊的包装和标识，以确保产品的安全和辨识度。而且其配送要求往往较为严格，需要遵守相关法规和规定。这可能涉及申请运输许可证、遵守特定的运输路线、按照规定的时间表进行配送等。由于某些化工产品对温度和湿度有较高的要求，在配送过程中可能需要使用专门的运输设备以确保产品的质量和稳定性。

这一类产品的共同特点是都有一定的危害性且产品形态特殊，不能与其他产品混存混运或进行综合配送。

（二）配送作业流程

石油与化工产品的配送作业流程如图 2-9 所示。

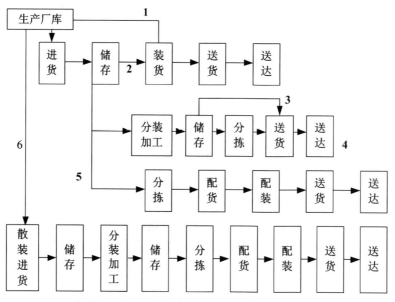

图 2-9 石油与化工产品的配送作业流程

1. 燃料油

配送活动作业流程比较简单，但是专业性很强，配送用户大多为生产用油的小企业或服务运输用油的加油站。这种作业的主要特点是送货油车直接开至生产厂储存场所装油，然后分送至各用户，一般采用路线 1 配送流程模式。对于需求量小的一般用户，如家庭汽车、企业事业单位汽车用油等，由用户开车到加油站取油。

2. 液体酸碱等化工产品

液体酸碱等化工产品具有毒、腐蚀性，运送、储存作业危险等特点。这类产品的包装形态采用专用集装罐车、陶瓷罐等，有时也分装成小瓶装。这类产品一般有三种不同的配送模式：一是工厂配送，即工厂附近用户或较远的大用户，由工厂直接送货，如路线 1。

二是分装加工配送，表现有两种形式：一是配送中心集中进货后，按用户需求进行小规格的分装加工，装成坛、罐，形成用户可接受的数量，然后采取一般的配送流程送达用户；二是散装大量进货，再小规模散装送货，将原大规模装运分解成小规模装运，如路线4。三是原包装形态大量进货转化为小批量、多批次送货，这种形式和一般配送形式类似，如路线2。

3. 固体化工产品

在配送作业流程中，各种包装的一般固体化工产品，采取一般配送作业流程，如路线5。大量散装或大包进货固体化工产品，分装成小包装后，再采用一般配送作业流程送货，如路线6。

五 生鲜食品、副食品配送作业流程模式

（一）产品的含义及特点

生鲜食品、副食品种类多，形态复杂，按食品性状及对流通条件要求不同，可分为以下几类：一是有一定保质期的、包装较为完善的食品，如酒类、粮食类、糖果类、罐头类食品；二是无小包装、保质期较短的、需尽快送达用户的食品，如点心类、散装饮料类、酱菜熟食类；三是特殊条件保鲜保活的鲜鱼、水产品、肉类等；四是新鲜果菜等数量较大、保质期短的食品。

这一大类产品共同特点是对流通环境条件要求较高，尤其对卫生条件要求较高，且都容易发生变质、降质等损失。

（二）配送作业流程

生鲜食品、副食品的配送作业流程如图2-10所示。

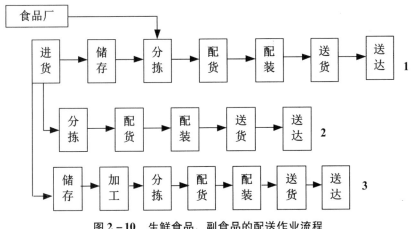

图2-10 生鲜食品、副食品的配送作业流程

食品配送基本上有三条配送作业流程模式：

1. 第一条作业流程路线

主要适用于有一定保质期要求的食品，通过对进货后的食品集中储存，然后采取分拣、配货、配送作业完成送达用户的工作，如路线1。

2. 第二条作业流程路线

主要适用于保质、保鲜要求较高的，需快速送达用户的食品，进货之后基本不经储存便很快投入分拣、配货作业，实现送达用户的快速配送作业，如路线2。

3. 第三条作业流程路线

主要是加工配送路线，如路线3。

食品加工配送有以下几种主要形式：

（1）分装加工。将散装或大包装的用小包装分装，如酒、饮料分装，粮食分装，鱼、肉类分装等。

（2）分级分等加工。将产品按质量、尺寸、等级分选，如水果分级、鱼类分级、肉类分级等。

（3）去杂加工。将食品无用部分或低质部分去除，如蔬菜去根、须、老叶；鱼类去头、尾、内脏、鳞等。

（4）半成品加工。将各种原料配制成半成品，如鱼丸、肉馅、饺子、春卷、配菜等。

第六节 | 配送设备的维护与管理

一 配送中心的主要机械设备

配送中心机械设备主要由装卸搬运机械设备、输送设备、拣选设备、分货设备等构成。

（一）装卸搬运机械设备

装卸搬运机械是指用来搬移、升降、装卸和短距离输送物料和货物的各种机械。它是实现装卸搬运作业机械化的主要组成部分，也是实现装卸搬运合理化、效率化、省力化的重要手段。

装卸搬运设备主要设置在进货场、配货发送场和仓库内，它的主要任务是把货物从进货车辆上卸下来，在进货场临时堆码；在配货发送场把货物装上汽车，以便送货；在配送中心仓库内，进行货物的堆码或向货架上存取货物；在配送中心内短距离运送货物；等等。

（二）输送设备

输送设备是按照规定路线连续地或间歇地运送散料和成件物品的搬运机械。输送机械设备主要设置在进货场、检验场、分类场、配货发送场、仓库和流通加工车间之间。它把配送中心的各个组成部分连成一个相互贯通的物流网络，其主要任务是按照配送中心的配送计划有节奏地输送各种货物。

（三）拣选设备

拣选设备是按照用户的订货要求，完成货物的拣选、分货、分放等配送作业的设备。拣选是把用户需要的货物从储存处拣选出来；分货是把相同的货物按类别、规格分拣出来，分投到每一货位处；分放是把各用户所需要的货物分别集中、配齐。

（四）分货设备

分货设备又称为分拣机械设备。现代配送中心的分货工作，大多由自动分拣系统来完成。自动分拣系统一般由设定装置、识别装置和自动分类装置组成。

（五）检测计量设备

进行重量检测的设备主要有电子台秤、吊钩电子秤、地中衡、轨道衡等；用于进行尺寸检测的设备主要有光电检测装置、激光检测装置等；粉料、液体等货物的检测主要使用电子流量计；成件包装或单元化货物则使用电子计数装置等。

（六）流通加工设备

目前，配送中心使用的流通加工设备多为剪板机、折弯机、玻璃切割设备、锯床等。

（七）包装设备

包装设备主要是对货物进行集装、分装以及防变质包装等。集装的主要设备有捆扎机、装箱机、装罐机等；分装的机械设备有小型的自动定量分装机械设备、热收缩包装机、拉伸包装机等；防变质的包装设备有防潮包装、防锈包装、充气包装机等。

二 配送中心机械设备的维护和管理

设备的检查是对机器设备的运行情况、磨损程度进行检查和校验。通过检查，可以全面地掌握设备的技术状况和磨损情况，及时查明和消除设备的隐患，同时可针对检查发现的问题，提出改进设备维护的措施。

计划修理制度是机械设备在完成制度规定的运转小时或制度规定的作业量之后，检查其技术性能状况，然后进行保养和修理。按设备修理范围的大小和程度，一般可分为例行保养，定期检修，以及定期中修和大修。

（一）例行保养

例行保养，即每个工作班的保养。不占用机械设备的使用台日，在作业班前、班后和作业空闲时间进行，如检查、清洗、调整、润滑、紧固等工作。

（二）定期检修

机械设备运转一定时间需要进行一次维护性检修。一级保养是指消除检查中发现的缺陷，以及更换部分磨损零件。二级保养是指除进行一级保养工作外，需拆卸检查容易磨损的零件；检查并调整轴承间隙和制动件的间隙；清扫和调整发动机的空气、点火和油路等装置。

（三）定期中修

定期中修是恢复机械设备技术性能的修理，包括检查、修理或更换磨损较严重的零部件。

（四）定期大修

定期大修是彻底恢复机械设备技术性能的修理，是将机械设备全部解体，彻底检查，修理和调整。

练习与思考

1. 配送计划是什么？
2. 配送计划的制订分为哪几个步骤？
3. 配送计划的内容包括哪些？
4. 配货的作业方法有哪些？请具体说明。
5. 简述配送路线优化时应考虑哪些约束条件。
6. 如何对配送设备进行维护和管理？

 章末案例

日本某连锁超市配送中心配送作业流程实例介绍

日本某连锁超市配送中心在研究物流配送作业流程时，对经营的商品进行排队分析，

分成三大类商品：

第一类：使用频率高的畅销商品

在流通过程中，整批进货和储存，然后按客户的订货单配货，送到零售店。由于这类商品进货批量大，故以较低的价格购入，再以零售价出售给消费者，既减少了流通环节，又使企业加倍获利。所以，这类商品的储存本身是创利的。商品的配送作业流程为：收货→储存→分拣→配送→零售店。

第二类：一般商品

配送中心按照客户的订货单汇总后统一向工厂整箱订货，收到货后，无需储存，直接进行分拣作业，再配送到零售店，这样可节省储存费用。这类商品的配送流程为：收货→分拣→配送→零售店。

第三类：保鲜商品

该类商品需要一定的保鲜要求，如牛奶、面包、豆腐等。商品通常是不经过配送中心，直接从生产厂送往零售店，但商品进销全过程信息由配送中心处理。

综合上述分析，加上信息处理系统，该配送中心的配送作业流程如图2-11所示。

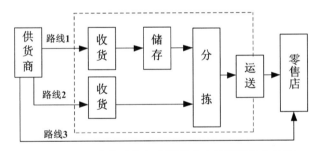

图2-11　日本某连锁超市配送中心的配送作业流程

其中：

路线1：周转率高且需整批进货储存的商品（储存型配送）。

路线2：通过联机系统和商品信息订购的商品，整箱进货，分拣零送（中转型配送）。

路线3：从产地或国外进口后，不经配送中心直接送往商店（直送型配送）。

（资料来源：伊藤物流报告［EB/OL］.（2022-05-24）［2024-10-01］. https：//wenku. baidu. com/view/20d259478d9951e79b89680203d8ce2f00666583. html.）

第三章

配送成本管理

➤ **学习目标**

通过本章学习，了解配送成本的含义及配送成本的类别，深刻理解配送成本控制的含义和策略，并通过实例进一步巩固本章知识。

第一节 | 配送成本概述

一 配送成本的含义

配送成本是指在配送活动的备货、储存、分拣、配货、配装、送货、送达服务及配送加工等环节所发生的各项费用的总和，是配送过程中所消耗的各种劳动和物化劳动的货币表现。

二 配送成本的特征

在配送成本的管理实践中，配送成本常常表现出以下特征：

（一）配送成本的隐蔽性

正如物流成本冰山理论指出的，直接从企业的财会业务中完整地提取出企业发生的配送成本是极其困难的。通常，财务会计并非完全不能掌握配送成本，通过"销售费用"和"管理费用"等科目可以窥见部分配送费用情况。但这些科目反映的费用仅仅只是全部配送成本的一部分，即企业对外支付的配送费用，并且这一部分费用往往是混合在其他有关费用中而并不是单独设立"配送费用"科目进行独立核算。这样企业支出的有关配送费用实际上就隐藏在了各种财务会计科目中，导致管理人员很难意识到配送成本管理的重要性。

（二）配送成本削减具有乘数效应

假设销售额为1000元，配送成本为100元。如果配送成本降低5%，就可能得到5元的利润。很显然配送成本削减具有乘数效应。假如这家企业的销售利润率为1%，则产生5元利润，需要增加500元的销售额，即降低5%的配送成本所发挥的作用相当于销售额增加50%。

（三）配送成本的"二律悖反"

配送成本的"二律悖反"是指在配送服务的各项活动中（如运输、库存、搬运、包装、流通等）存在的相互矛盾的作用关系。这种作用关系表现为：当想要较多地达到其中一个方面的目的时，必然会使另一方面的目的受到损失。

第二节 ┃ 配送成本的类别

一 按支付形态分类

按支付形态不同来进行配送成本的分类主要是以财务会计中发生的费用为基础，通过乘以一定比率来加以核算。此时配送成本可分为：

（1）材料费：指因物料消耗而发生的费用。由物资材料费、燃料费、消耗性工具、低值易耗品摊销及其他物料消耗费组成。

（2）人工费：指因人力劳务的消耗而发生的费用。这些费用包括工资、奖金、福利费、医药费、劳保费以及职工教育培训费和其他一切用于职工的费用。

（3）公益费：指向电力、煤气、自来水等提供公益服务的部门支付的费用。

（4）维护费：指用于维护和保养固定资产（如土地、建筑物、机械设备、车辆、搬运工具等）所产生的费用。这些费用包括维修保养费、折旧费、房产税、土地使用税、车船税、租赁费以及保险费等。

（5）一般经费：指差旅费、交通费、资料费、零星购进费、邮电费、城建税、能源建设税及其他税款，还包括商品损耗费、事故处理费及其他杂费等一般支出。

（6）特别经费：指采用不同于财务会计的计算方法计算出来的配送费用，包括按实际使用年限计算的折旧费和企业内利息等。

（7）对外委托费：指企业对外支付的包装费、运费、保管费、出入库装卸费、手续费等业务费用。

（8）其他费用：比如商品购进采用送货制时包含在购买价格中的运费和商品销售采用提货制时因顾客自己取货而从销售价格中扣除的运费。

二　按功能分类

按前面所述的支付形态进行配送成本分析，虽然可以得出总额，但还不能充分说明配送的重要性。若想降低配送费用，就应把这个总额按照其实现的功能进行详细区分，以便掌握配送的实际状态，了解在哪个功能环节上有浪费，做到有针对性的成本控制。按照配送功能进行分类，配送成本大体可分为物品流通费、信息流通费和配送管理费三大类。

（一）物品流通费

物品流通费是指为完成商品、物资的物理性流动而发生的费用，可进一步细分为：

（1）备货费：指进行备货工作时需要的费用。这包括筹集货源、订货、集货、进货，以及进行有关的质量检验、结算、交接等而发生的费用。

（2）保管费：指一定时期内因保管商品而需要的费用。除了包租或委托储存的仓储费外，还包括企业在自有仓库储存时的保管费。

（3）分拣及配货费：指在分拣、配货作业中发生的人力、物力的消耗。

（4）装卸费：指伴随商品包装、运输、保管、运到之后的移交而发生的商品在一定范围内进行水平或垂直移动所需要的费用。

（5）短途运输费：指把商品从配送中心转移到顾客指定的送货地点所需要的运输费用。

（6）配送加工费：指根据用户要求进行加工而发生的费用。

（二）信息流通费

信息流通费是指因处理、传输有关配送信息而产生的费用，包括与储存管理、订货处理、顾客服务有关的费用。

（三）配送管理费

配送管理费是指进行配送计划、调整、控制所需要的费用，包括作业现场的管理费和企业有关管理部门的管理费。

三 按适用对象分类

（一）按支店或营业所计算配送成本

按支店或营业所计算配送成本是指将配送成本分摊到各个支店或营业所，以便了解各营业单位在配送过程中所产生的成本情况。

（二）按顾客计算配送成本

按顾客计算配送成本可分为按标准单价计算和按实际单价计算两种计算方式。按顾客计算配送成本可以用来作为确定目标顾客、确定服务水平等营销战略的参考。

（三）按商品计算配送成本

按商品计算配送成本是指将配送成本根据商品的不同种类或类型进行分摊计算的方法。这种方法可用来分析各类商品的盈亏，进而为确定企业的产品策略提供参考。

第三节 | 配送成本控制

一 配送成本控制的意义及方法

（一）配送成本控制的意义

配送成本控制是配送成本管理的重要环节，它贯穿于整个配送过程，配送成本控制对配送企业具有重要意义：

（1）提高企业利润：在收入一定的前提下，配送成本的节约可以增加配送企业的利润。在利润空间越来越小的大环境下，配送企业开始对配送成本进行挖潜，通过比同行较低的配送成本来取得竞争优势。

（2）优化资源配置：配送成本控制可以帮助企业识别和消除不合理的资源筹措和库存决策，从而优化资源配置，提高资源利用效率。

（3）提高物流效益：控制配送成本对降低整个物流成本、提高物流效益有极大贡献。通过配送成本控制，企业可以优化配送流程，减少浪费，提高物流效率。

（4）提升企业竞争力：通过有效的配送成本控制，企业可以提供更具竞争力的价格和服务，从而吸引更多的客户，提升企业的市场竞争力。

（二）配送成本控制的方法

一般而言，配送成本控制的方法包括以下几种：

1. 加强配送的计划性

通过建立客户的配送计划申报制度，加强配送的计划性，可以降低临时配送、紧急配送或无计划的随时配送的比例，从而提高车辆使用效率，降低配送成本。

2. 进行合理的车辆配载

根据各客户的需求情况，合理安排车辆的配载，可以充分利用车辆的容积和载重量，减少车辆空驶和无效行驶里程，从而降低配送成本。

3. 确定合理的配送路线

采用科学的方法确立合理的配送路线，可以有效提高配送效率，降低配送费用。在确定配送路线时，应考虑满足所有客户对商品品种、规格和数量的要求，同时考虑交通管理部门允许通行的时间以及各配送路线的商品量不得超过车辆容积及载重量等因素。

4. 在配送作业过程中运用自动化技术

通过引入先进的自动化设备、整合信息系统、培训员工掌握自动化技能、持续优化配送流程以及关注技术创新和升级等措施，可以加强在配送作业过程中对自动化技术的应用，提高配送效率和质量，降低配送成本，提升企业竞争力。

5. 确定合理的配送中心选址

在选址过程中，需综合考虑多个因素，包括交通便利性、货源分布、客户需求、土地成本、劳动力资源以及可持续发展能力等。首先，要分析当地的交通状况，确保配送中心能够便捷地连接主要运输线路和交通节点，降低运输成本和时间。其次，要考虑货源分布和客户需求，选址应尽可能接近主要货源地和需求密集区，以缩短配送距离和时间。同时，土地成本和劳动力资源也是不可忽视的因素，要在保证运营效益的前提下，选择成本相对较低的地点。最后，还要关注可持续发展能力，确保选址符合当地规划和环保要求，实现经济效益和环境效益的双赢。

6. 建立配送信息管理系统

通过建立配送信息管理系统，可以实现对配送过程的实时监控和管理，及时发现和解决配送过程中的问题，提高配送效率，降低配送成本。

二 降低配送成本的策略

通常，在特定顾客服务水平下以配送成本最低为目标可以考虑如下几种降低配送成本的策略：

（一）混合策略

降低配送成本的混合策略是一种综合运用多种方法和手段来降低配送成本的方法。这包括通过优化配送网络、提高装载率、采用先进的物流技术、实施绿色配送、加强供应链协同、引入第三方物流等方式来降低配送成本。通过综合运用这些策略，企业可以在保证服务质量的同时，有效降低配送成本，提高整体物流效率。这种混合策略的核心在于根据企业的实际情况和市场环境，灵活选择和应用各种降成本手段，以实现最佳的物流成本控制效果。

（二）差异化策略

降低配送成本的差异化策略是指根据不同客户、不同产品或不同地理区域的需求和特点，制定有针对性的配送方案，以实现配送成本的降低。这种策略的核心在于通过对客户、产品和地理区域进行细分，识别出不同群体的需求和特点，然后制定与之相匹配的配送策略。

（三）合并策略

合并策略包含两个方面，一个是配送方法合并；另一个则是共同配送。

1. 配送方法上的合并

这是指企业在安排车辆完成配送任务时，充分利用车辆的容积和载重量，做到满载满装，以降低成本。通过合理的配送规划，企业可以提高车辆的使用效率，从而降低配送成本。

2. 共同配送

共同配送是指多个企业共享配送资源，如配送中心、车辆和人员等，以实现规模经济和降低配送成本。通过共同配送，企业可以共享彼此的配送网络，提高车辆和设施的利用率，减少重复建设和资源浪费。

（四）延迟策略

降低配送成本的延迟策略主要是通过推迟某些物流活动的时间，以便更好地满足客户需求并减少不必要的成本。以下是几种常见的延迟策略：

（1）订单延迟处理：当接收到客户订单后，企业可以选择延迟处理订单，以便等待更多的订单汇聚后再进行拣选、包装和配送。通过订单延迟处理，企业可以更好地利用资源和时间，减少浪费和成本。

（2）配送时间延迟：企业可以在接收到订单后，根据实际需求和市场情况，适当延迟配送时间。企业可以根据销售预测和库存状况，合理安排配送时间，确保在最需要的时候进行配送，从而降低库存和运输成本。

（3）定制化延迟：延迟策略还可以应用于产品的定制化过程中。企业可以延迟某些生产或加工活动，以便根据客户的具体需求进行定制。通过定制化延迟，企业可以提高客户满意度，并降低库存和生产成本。

（五）标准化策略

降低配送成本的标准化策略是通过制定和实施统一的配送流程和规范，以提高配送效率、减少冗余环节和降低错误率，从而实现成本优化。这包括使用标准化的包装、标识和运输工具，确保配送过程中的各个环节能够顺畅衔接，减少因操作不一致而产生的额外成本。通过标准化，企业可以简化配送流程，提高作业效率，减少资源浪费，并降低因人为错误导致的损失。标准化策略不仅有助于降低配送成本，还能提升企业形象和服务质量，增强客户满意度。

练习与思考

1. 配送成本如何定义？

2. 降低配送成本和提高配送服务水平是配送管理肩负的两大使命，如何正确处理和协调两者之间的关系？

3. 按支付形态的不同，配送成本分为哪些类别？

 章末案例

英迈中国的物流运作：小处着手省大钱

2000年一年公司全部库房只丢了一根电缆。半年一次的盘库，由公证公司做第三方机构检验，前后统计结果只差几分钱。陈仓损坏率为3%，运作成本不到营业总额的1%

……这些都发生在全国拥有 15 个仓储中心，每天库存货品上千种，价值可达 5 亿元人民币的英迈中国身上。

几个数字：

一毛二分三：英迈库中所有的货品在摆放时，货品标签一律向外，而且没有一个倒置，这是在进货时就按操作规范统一摆放的，目的是出货和清点库存时查询方便。运作部曾经计算过，如果货品标签向内，由一个熟练的库房管理人员操作，将其恢复至标签向外，需要 8 分钟，这 8 分钟的人工成本就是一毛二分三。

3 公斤：英迈的每一个仓库中都有一本重达 3 公斤的行为规范指导。细到怎样检查销售单、怎样装货、怎样包装、怎样存档、每一步骤在系统上的页面是怎样的等，在这本指导上都有流程图，有文字说明，任何受过基础教育的员工都可以从规范指导中查询和了解到每一个物流环节的操作规范，并遵照执行。在英迈的仓库中，只要有动作就有规范，操作流程清晰的观念为每一个员工所熟知。

5 分钟：统计和打印出英迈上海仓库或全国各个仓库的劳动力生产指标，包括人均收货多少钱，人均收货多少行（多少单，其中人均每小时收到或发出多少行订单是仓储系统评估的一个重要指标），只需要 5 分钟。在 Impulse 系统中，劳动力生产指标统计实时在线，随时可调出。而如果没有系统支持，这样的一个指标统计至少得一个月时间。

10 公分（厘米）：仓库空间是经过精确设计和科学规划的，甚至货架之间的过道也是经过精确计算的，为了尽量增大库存可使用面积，只给运货叉车留出了 10 公分（厘米）的空间，叉车司机的驾驶必须稳而又稳，尤其是在拐弯时，因此英迈的叉车司机都要经过此方面的专业培训。

20 分钟：在日常操作中，仓库员工从接到订单到完成取货，规定时间为 20 分钟。因为仓库对每一个货位都标注了货号标志，并输入 Impulse 系统中，Impulse 系统会将发货产品自动生成产品货号，货号与仓库中的货位一一对应，所以仓库员工在发货时就像邮递员寻找邮递对象的门牌号码一样方便快捷。

4 小时：一次，由于库房经理的网卡出现故障，无法使用 Impulse 系统，结果他在库房中寻找了 4 个小时，也没有找到他想找的网络工作站。依赖 IT 系统对库房进行高效管理，已经成为库房员工根深蒂固的观念。

1 个月：英迈的库房是根据中国市场的现状和生意的需求而建设的，投入要求恰如其分，目标清晰，能支持现有的生意模式并做好随时扩张的准备。每个地区的仓库经理都要求能够在 1 个月之内完成一个新增仓库的考察、配置与实施，这都是为了飞快地启动物流支持系统。在英迈的观念中，如果人没有准备，有钱也没用。

几件小事：

1. 英迈库房中的很多记事本都是收集已打印一次的纸张装订而成，即使是各层经理也不例外。

2. 所有进出库房都须严格按照流程进行，每一个环节的责任人都必须明确，违反操作流程，即使有总经理的签字也不可以。

3. 货架上的货品号码标识用的都是磁条，采用的原因同样是因为节约成本，以往采用的是打印标识纸条，但因为进仓货品经常变化，占据货位的情况也不断改变，用纸条标识灵活性差，而且打印成本也很高，采用磁条后问题得到了根本性解决。

4. 英迈要求与其合作的所有货运公司在运输车辆的箱壁上必须安装薄木板，以避免因为板壁不平而使运输货品的包装出现损伤。

5. 在英迈的物流运作中，厂商的包装和特制胶带都不可再次使用，否则，视为侵害客户权益。因为包装和胶带代表着公司自身知识产权，这是法律问题。如有装卸损坏，必须运回原厂出钱请厂商再次包装。而如果是由英迈自己包装的散件产品，全都统一采用印有其指定国内总代理怡通公司标识的胶带进行包装，以分清责任。

刚刚及格：

提起英迈，在分销渠道中都知道其最大优势是运作成本，而这一优势又往往被归因于其采用了先进的 Impulse 系统，但从以上描述中已可看出，英迈运作优势的获得并非看似那样的简单，而是对每一个操作细节不断改进，日积月累而成。从所有的操作流程看，成本概念和以客户需求为中心的服务观念贯穿始终，这才是英迈竞争的核心所在。英迈中国的系统能力和后勤服务能力在英迈国际的评估体系中仅被打了 62 分，刚刚及格，据介绍，在美国专业物流市场中，英迈国际能拿到 70~80 分。

作为对市场销售的后勤支持部门，英迈运作部认为，真正的物流应是一个集中运作体系，一个公司能不能围绕新的业务，通过一个订单把后勤部门全部调动起来，这是一个核心问题。产品的覆盖面不见得是公司物流能力的覆盖面，物流能力覆盖面的衡量标准是应该经得起公司业务模式的转换，换了一种产品仍然能覆盖到原有的区域，解决这个问题的关键是建立一整套物流运作流程和规范体系，这也正是大多数国内 IT 企业所欠缺的物流服务观念。

（资料来源：黄福华，周敏. 现代企业物流管理 [M]. 北京：科学出版社，2023.）

第四章

物流配送信息技术及配送作业装备

➤ **学习目标**

　　通过本章的学习，了解物流配送信息技术的特征与种类，掌握 GPS、GIS 在物流配送中的应用，理解 EDI 相关内容以及射频技术、条码技术、自动分拣系统在物流配送中的应用，了解常见物流配送作业装备，掌握物流标准化、物流模数系列标准化、物流托盘标准化、集装箱标准化的概念及相关知识。

第一节　｜　常见的物流配送信息技术

一 ｜ GPS 技术

（一）GPS 技术概要

全球定位系统（Global Positioning System，GPS）简称 GPS。

GPS 系统包括三大部分：空间部分——GPS 卫星星座；地面控制部分——地面监控系统；用户设备部分——GPS 信号接收机。

（1）空间部分由六个等间隔轨道上的 24 颗卫星组成，轨道倾角为 55 度，各个轨道平面之间相距 60 度，每个轨道平面内各颗卫星之间的升交角距相差 90 度。在用 GPS 信号导航定位时，定位卫星可以全天候、连续实时向用户提供其覆盖区域内目标的高精度三维速度、位置和时间信息。

（2）地面控制部分由一个主控站、五个全球监控站和三个地面天线组成。地面监控系统的一个重要功能是监测卫星上各种设备的正常工作状态并可对这些设备进行控制，还可监测卫星是否一直沿着预定轨道运行，另一重要作用是保持各颗卫星处于同一时间标准——GPS 时间标准。

（3）GPS 用户部分由 GPS 接收机、数据处理软件及相应的用户设备组成。GPS 接收机是一种特制的无线电接收机，用来接收导航卫星发射的信号，据此计算定位数据。GPS 信号接收机能够捕获到按一定卫星高度截止角所选择的待测卫星的信号，并跟踪这些卫星的运行，对所接收到的 GPS 信号进行变换、放大处理，从而测量出 GPS 信号从卫星到接收机天线的传播时间，解译 GPS 卫星所发送的导航电文，实时地计算出测站的三维位置，甚至三维速度和时间。

（二）GPS 技术在物流配送中的应用

目前，GPS 已广泛应用于物流配送领域。全球卫星定位系统在物流配送中的应用表现在以下四个方面：

1. 汽车自定位、跟踪调度

利用 GPS 和电子地图可以实时显示车辆的实际位置、行驶速度、方向以及时间等精确的信息，也可以随着目标的移动，实现多车、多屏幕的即时跟踪，达到对重要车辆和货物的跟踪运送。

2. 铁路运输管理

我国铁路开发的基于 GPS 的计算机管理信息系统，可以通过 GPS 和计算机网络实时收集全路列车、机车、车辆、集装箱及所运货物的动态信息，可实现列车、货物追踪管理。铁路部门运用这项技术可大大提高其路网及其运营的透明度，为货主提供更高质量的服务。

3. 军事物流

全球卫星定位系统最初是为军事目的而建立的，在军事物流中后勤装备的保障等方面应用相当普遍。在战争中，如果不依赖 GPS，美军的后勤补给将会陷入混乱。我国自 20 世纪 80 年代末引进 GPS 接收机以来，在理论研究、应用技术开发、接收机制造等方面不断取得进展。

4. 及时报警

通过全球卫星定位系统，掌握运输装备的异常情况，接收求助讯息和报警信息，并将这些信息迅速传递到管理中心实施紧急救援。

二　GIS 技术

（一）GIS 技术概要

GIS（Geographical Information System）即地理信息系统，是 20 世纪 60 年代开始迅速发展起来的地理学研究新成果，是多种学科交叉的产物。地理信息系统是集计算机科学、地理学、信息科学等学科于一体的新兴边缘科学，可作为应用于各领域的基础平台。这种集成是对信息的各种加工、处理过程的应用、融合和交叉渗透，并且实现各种信息的数字化的过程。GIS 是面向空间相关信息，用于采集、存储、检查、操作、分析和显示地理数据的系统。

GIS 的基本功能是将表格型数据转换为地理图形显示，提供多种空间的和动态的地理信息。显示范围大到洲际地图，小到详细的街区地图，显示的内容包括人口、销售情况，运输路线等。GIS 主要由两部分组成，一部分是桌面地图系统，另一部分是数据库，用来存放地图上与特定点、线、面相关的数据。通过点击地图上的相关部位，可以立即得到相关的数据。借助地理信息系统，可以进行路线的选择和优化，对运输车辆进行监控和调度，给司机提供有关的地理信息等。

（二）GIS 技术在物流配送中的应用

1. GIS 物流分析软件集成模型

完整的 GIS 物流分析软件集成了车辆路线模型、网络物流模型、分配集合模型和设施定位模型等。

（1）车辆路线模型

车辆路线模型用于解决在货物运输中一个起点、多个终点的情况下，如何降低物流作业费用和运输成本，且保证服务质量的问题。这包括决定使用多少车辆，以及每辆车的运输行驶路线等问题。

（2）网络物流模型

网络物流模型用于解决货物分配或服务提供的最优路径问题，即物流网点布局问题；同时，也设计了解决物流网络信息问题和数据处理的相关程序。

（3）分配集合模型

分配集合模型可以根据各个要素的相似点把同一地理空间中的具有相同或相似属性的要素进行集合，从而确定服务范围和销售市场范围等。如某一公司要设立多个分销点，要求这些分销点要覆盖某一地区，而且要使每一个分销点的顾客数目大致相等。

（4）设施定位模型

设施定位模型用来解决物流设施的布局定位问题，如确定仓库、医院、零售商店、加工中心等设施的最佳位置。

2. 基于 GIS 的物流配送系统的主要功能

（1）跟踪车辆和货物

利用 GPS 和电子地图可以实时显示出车辆或货物的实际位置，并能查询出车辆和货物的状态，以便进行合理调度和管理。

（2）提供运输路线规划和导航

规划出运输线路，使显示器能够在电子地图上显示设计线路，同时显示汽车运行路径和运行方法。

（3）查询信息

对配送范围内的主要建筑、运输车辆、客户信息等进行查询，查询资料可以通过文字、语言及图像的形式显示，并在电子地图上显示其位置。

（4）模拟与决策

可利用长期客户、车辆、订单和地理数据等建立模型来进行物流网络的布局模拟，并以此来建立决策支持系统，以提供更有效且直观的决策依据。

3. GIS 在物流信息管理系统中的应用

（1）资源合理配置：基于 GIS 的物流信息系统可以帮助物流企业根据实际需求情况，合理配置有限的资源，特别是配送车辆。

（2）实时监控与跟踪：结合 GPS 定位数据，GIS 能够提供地理信息，实现配送车辆的实时监控和跟踪。

（3）配送线路优化：利用 GIS 的空间数据分析功能，企业可以根据实际情况结合数学算法建立模型，实现运输车辆行驶线路的最优化，从而提高运输效率。

（4）指挥调度：在物流运输过程中，GIS 可以帮助进行实时指挥调度，确保物流运输的顺利进行。

三 EDI 技术

（一）EDI 技术概要

1. EDI 技术的含义

电子数据交换（Electronic Data Interchange）简称 EDI，它是按照统一规定的一套通用标准格式，将标准的经济信息，通过通信网络传输，在贸易伙伴的电子计算机系统之间进行数据交换和自动处理，俗称"无纸贸易"。

国际标准化组织（ISO）将 EDI 描述成："将贸易（商业）或行政事务处理按照一个公认的标准，形成结构化的事务处理或信息数据格式；从计算机到计算机的传输方法。"

2. EDI 的分类

电子数据交换系统有三个主要类别。

（1）国家专设的 EDI 系统

国家专设的 EDI 系统是全国电子协会同八个部委确立的作为我国电子数据交换平台的系统，英文名称是 China-EDI，通过专用的广域网进行电子数据交换的运作。这种网络是由电子数据交换中心和广域网的所有节点所构成，所有的数据通过交换中心实现交换并进行结算。

（2）基于 Internet 的 EDI 系统

基于 Internet 的 EDI 系统主要是在互联网上进行电子数据交换。由于互联网的开放性，很多用户能够方便地接入电子数据交换系统，也有利于电子数据交换系统在不同领域广泛地应用。同时，由于互联网广泛联结，电子数据交换系统的覆盖面可以大大扩展，运行成本大大降低。

（3）通过专线的点对点 EDI 系统

通过专线的点对点 EDI 系统，企业可以通过租用信息基础平台的数据传输专线、电话专线或自己铺设的专线进行电子数据交换。

3. EDI 的构成要素

EDI 系统的构成要素包括数据标准化、EDI 软件和硬件、通信网络。

（1）数据标准化

EDI 标准是由企业、地区代表经过讨论制定的电子数据交换的共同标准，统一的 EDI 标准可以使各个组织和企业之间不同的文件格式，通过共同的标准，达到彼此之间进行文件交换的目的。

目前在 EDI 的标准上，国际上最为流行的就是联合国欧洲经济委员会（UN/ECE）下属的第四工作组（WP4）在 1986 年制定的《用于行政管理、商业和运输的电子数据交换标准》（Electronic Data Interchange for Administration，Commerce and Transport，简称 EDI/FACT）。目前 EDI/FACT 已成为全球通用的 EDI 标准。

（2）EDI 软件和硬件

EDI 软件具有将用户数据库系统中的信息翻译成 EDI 的标准格式，以提供数据传输交换的能力。

EDI 所需的硬件设备主要是计算机、调制解调器、网卡、电话线和专线等。

（3）通信网络

目前 EDI 的通信网络大多是借助于范围广泛的因特网，也有为实现某些具体任务而单独建设的专用网，具体采用哪种方式要由通信双方来商定。

4. EDI 的通信方式

EDI 通信主要采用增值网（VAN）方式，VAN（Value Added Network，又称之为在线系统 On-Line System）是指通过利用（一般是租用）通信公司的通信线路连接分布在不同地点的计算机终端形成的信息传递交换网络。VAN 是实现 EDI 功能的外部设备，目前被广泛应用的销售时点数据（POS）、电子订货系统（EOS）都是 VAN 应用的具体体现。

5. 物流 EDI

物流 EDI 是指货物业主、承运业主以及其他相关的单位之间，通过 EDI 系统进行物流数据交换，并以此为基础实施物流作业活动的方法。物流 EDI 参与单位有货物业主（如生产厂家、贸易商、批发商、零售商等）、承运业主（如独立的物流承运企业等）、实际运送货物的交通运输企业（如铁路企业、水运企业、航空企业、公路运输企业等）、协助单位（如政府有关部门、金融保险等）和其他的物流相关单位（如仓库业者、专业报关业者等）。物流 EDI 的框架结构如图 4−1 所示。

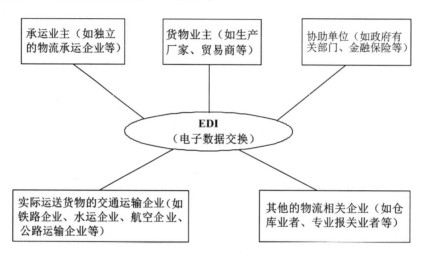

图 4−1 物流 EDI 的框架结构

（二）EDI 技术在物流配送中的应用

1. EDI 的应用领域

EDI 主要应用于以下行业：

（1）电子商务

EDI 在电子商务领域被广泛应用，特别是在 B2B（Business-to-Business）和 B2C（Business-to-Consumer）之间的数据交换。企业可以通过 EDI 模块快速、准确地传输商品信息、订单数据、支付信息等，实现高效的供应链管理和物流配送。

（2）运输与仓储

通过与运输公司、仓储公司等的合作，EDI 可以实现货物信息、运输信息、仓储信息等数据的实时传输。这有助于提高物流效率、降低成本，并使得货物流转信息得到快速交换。

（3）海关与商检

EDI 模块还可以实现与海关、商检等部门的电子数据交换。这有助于加速进出口货物的通关效率，提高物流流程的顺畅性。

（4）制造业

在制造业领域，EDI模块也被用于生产管理、库存管理、采购管理等环节的数据交换。通过EDI，企业可以实现生产计划的自动化管理、库存的实时监控、采购订单的快速处理等，从而提高生产效率和降低成本。

2. 物流EDI的一般流程

（1）当厂家接到订单后，会制订货物的运输计划，并及时向物流运输服务商和收货方发送相关信息以便于他们提前制订车辆调度和货物接收计划。

（2）发送方下达发货指令，分拣配货，打印条形码标签，并将其贴在货物包装箱上，同时把运送货物品种、数量、包装等信息通过EDI发送给物流运输业主和接收货物业主，据此请示下达车辆调配指令。

（3）物流运输业主在取货时用车载扫描读数仪读取物流条形码进行核对、验货。

（4）物流运输业主在物流中心对货物进行整理、集装，制单并通过EDI发送发货信息给接收方。

（5）接收方利用扫描读数仪读取物流条形码，与订货信息核对无误后，开收货发票，货物入库；同时通过EDI向物流运输业主和发送货物业主发送收货确定信息。

3. EDI运用于物流业的好处

（1）加快通关报检的速度；

（2）减少电话、传真、电传的费用；

（3）降低文件成本，减少或避免因人工抄写文件而造成的差错；

（4）充分利用运输资源，降低运输成本和减少时间浪费。

4. 通过EDI系统可处理的物流单证

（1）运输单据。如托运单、海运提单。

（2）商业单证。如发票、订单、装箱单。

（3）海关单证。如报关单、海关发票。

（4）商检单证。如出入境通关单，各种检验检疫证书。

四 EOS技术

（一）EOS技术概要

EOS（Electronic Ordering System）即电子自动订货系统，是指企业间利用通信网络（VAN或互联网）和终端设备以在线（On-Line）方式进行订货作业和订货信息交换的系统。EOS按应用范围可分为企业内的EOS（如连锁店经营中各个连锁分店与总部之间建立的 EOS 系统），零售商与批发商之间的 EOS 系统以及零售商、批发商和生产者之间的 EOS 系统。

各批发商场、零售商场将所需的订货数据输入计算机，并通过计算机的通信网络将有关数据和资料传送至总公司业务部、供货商或制造商，等订货得到确认后，仓储中心根据总部的通知，将商品配送给各个订货的批发商场、零售商场。EOS 的基本框架如图 4 - 2 所示。

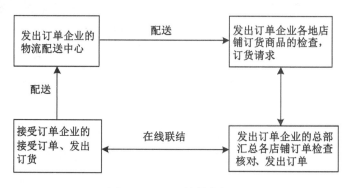

图 4 - 2   EOS 的基本框架

（二）EOS 技术在物流配送中的应用

1. EOS 系统在企业物流中的作用

（1）提高订货效率：EOS 系统通过电子化的方式接收和处理订单，能够显著缩短接收订单到发出订货的时间，进而缩短订货商品的交货期。这种方式有效地减少了商品订单的出错率，并节省了人工费用。

（2）优化库存管理：EOS 系统有助于企业了解库存量，提高库存管理效率。通过实时跟踪销售和库存情况，系统可以预测未来的需求，从而防止商品缺货，特别是畅销商品的缺货现象。

（3）促进供应链协同：EOS 系统使得生产厂家和批发商能够实时分析零售商的商品订货信息，从而准确判断畅销商品和滞销商品。这为企业调整商品生产和销售计划提供了有力支持，促进了供应链各方的协同工作。

（4）提升物流信息系统效率：EOS 系统可以提高企业物流信息系统的效率，使得各个业务信息子系统之间的数据交换更加便利和迅速。这有助于丰富企业的经营信息，为企业决策提供有力支持。

2. 企业应用 EOS 系统的基础条件

（1）商品条形码：商品条形码是 EOS 系统的实施基础。使用条形码技术，可以对商品进行唯一标识和快速识别，从而提高订货、销售和库存管理的效率。

（2）订货商品目录账册：订货商品目录账册是 EOS 系统成功实施的重要保证。这个账册详细记录了商品的信息，包括商品名称、规格、价格等，为订货、销售和库存管理提供了基础数据支持。

（3）计算机及订货信息输入和输出终端设备：企业应配备计算机以及相应的订货信息输入和输出终端设备，以便进行数据的录入、处理、传输和展示。这些设备是 EOS 系统运行的硬件基础。

（4）标准化流程：企业应建立标准化的订货业务作业流程，确保数据的准确性和一致性。这包括商品代码的设计、订货信息的录入、数据的传输和处理等方面。

（5）系统培训：企业应为员工提供 EOS 系统的培训，使其熟悉系统的操作和使用。这有助于确保系统的顺利运行和数据的准确性。

（6）系统维护和更新：企业应定期对 EOS 系统进行维护和更新，以确保系统的稳定性和安全性。这包括数据备份、系统升级和故障排除等方面。

五　自动识别技术

物流管理中数据的采集和输入是一项最基础而又相当重要的工作。为了避免数据人工收集人力成本高和错误率高的弊端，自动识别技术一经应用，便迅速普及。

（一）射频技术

1. 射频识别技术概述

射频识别技术 RFID（Radio Frequency Identification）的基本原理是电磁理论。射频系统的优点在于其不依赖于视线传播，识别距离比光学系统远，射频识别卡具有读写能力，可携带大量数据，难以伪造。RFID 适用于物料跟踪、运载工具和货架识别等要求非接触数据采集和交换的场合。

2. 射频识别系统的组成

（1）射频

射频识别系统的读写器有三个主要组成部分：读写模块、射频模块、天线。读写器在一个区域范围内发射电磁波，对标签进行数据采集，通过计算机网络进行数据转换、数据处理和数据传输。

（2）标签

①射频标签的基本功能

射频标签（RFID 标签）是一种能够存储物品信息的无线电子标签，它能够在不接触的情况下通过电磁场与阅读器进行数据传输，实现非接触式读写，同时具备加密和碰撞退让机制，确保数据传输的安全和效率。

②射频标签的构成

射频标签由射频模块、存储器、控制器及天线四个主要部分构成。标签的主要作用是存储物流对象的数据编码，对物流对象进行标识，通过天线将编码后的信息发射给读写器，或者接受读写器的电磁波反射给读写器。

③标签的种类

根据标签的工作方式不同，有能够主动发射数据给读写器和只能由读写器发出查询信号进行识别两类。

按照标签读写方式的不同，可以分成只读型和读写型两类，读写型标签的信息不但可以被读写器读出，还可以由读写器写入。

按标签工作频率不同，有低频、高频、微波三种标签。

按照工作的距离可以分成远程、近程和超近程三类，远程标签可以识别 100 cm 的距离，近程为 10~100 cm，超近程为 0.2~10 cm。

射频识别系统的总体组成框架图如图 4-3 所示。

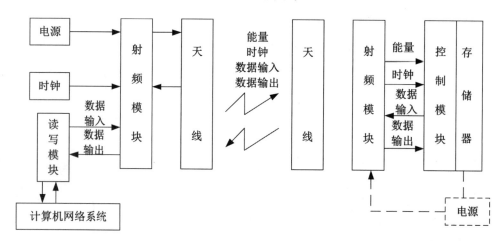

图 4-3 射频识别系统的总体组成框架图

3. 射频识别技术的应用

下面举例说明射频识别技术的几个实际应用。

（1）高速公路自动收费与城区交通管理

在高速公路自动收费方面，RFID 技术通过安装在车辆上的电子标签和收费站的识别设备，实现了对车辆的自动识别和计费。当车辆驶入收费站时，RFID 设备会读取车辆上的电子标签信息，并自动与系统中的车辆信息进行匹配。这不仅加快了通行速度，减少了拥堵，还避免了现金交易的不便和安全隐患。同时，该技术还能准确记录车辆的通行信息，为交通管理部门提供可靠的数据支持，帮助优化交通管理和收费策略。

在城区交通管理方面，RFID 技术同样发挥着重要的作用。通过在城市道路、公共交通站点等关键位置设置 RFID 读卡器，可以实时采集车辆的行驶信息、停靠站点等数据。这些数据有助于交通管理部门对交通流量、车辆分布等情况进行实时监控和分析，从而做出更科学的交通管理和调度决策。

（2）人员识别与物资跟踪

门禁保安系统均可应用射频卡，一卡可以多用，比如做工作证、出入证、停车证等，目的是识别人员身份，实现安全管理、自动收费或上下班打卡，提高工作效率。安全级别要求高的地方，还可以结合其他的识别方式，将指纹、掌纹或颜面特征存入射频卡。

（3）生产线自动化控制

在生产流水线应用 RFID 技术可实现自动控制和监视，提高生产率，改进生产方式，节约生产成本。

（4）仓储管理

RFID 系统与条码系统结合，可用于智能仓库货物管理，有效解决仓库与货物流动有关的信息管理。如图 4 - 4 所示，当叉车通过仓库门禁系统时，射频系统自动识别读取装载盘上的射频标签。

图 4 - 4　RFID 在仓储管理中的应用

(二) 条码技术

1. 条形码基础

条形码是由一组规则排列的条、空及其对应字符，用以表示一定信息的标志。常见的条形码是由反射率相差很大的黑条（简称条）和白条（简称空）组成。图4－5为条形码系统的工作原理。

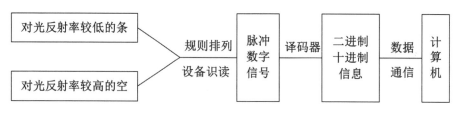

图4－5 条形码系统的工作原理

2. 条形码种类

条形码种类多达四十多种，常见的也有二十多种码制。目前应用最为广泛的有交叉二五码、39码、UPC码、EAN码、128码等。近年来又出现了按矩阵方式或堆栈方式排列信息的二维条码。若从印制条形码颜色分类，可分黑白条形码、彩色条形码、发光条形码（荧光条形码、磷光条形码）和磁性条形码等。

不论哪一种条形码，在设计上都有一些共同点：

◆条形码符号图形结构简单；

◆每个条形字符组成占有一定的宽度和印制面积；

◆每种编码方案均有自己的字符集；

◆每种编码方案与对应的阅读装置的性能要求密切相关。

下面是一些常用的条形码：

EAN码：EAN码是国际物品编码协会制定的一种商品条形码，全球通用。EAN码的符号有标准版（EAN-13）和缩短版（EAN-8）两种，我国的通用商品条形码与其等效。日常购买的商品上所印的条形码一般就是EAN码。

UPC码：UPC码是美国统一代码委员会制定的一种商品条形码，主要用于美国和加拿大地区。

39码：39码是一种可表示数字、字母等信息，目前可用的最完整的、高密度的、可靠的、应用灵活的字母数字型一维码。它允许表示可变长度的数据，并且能将若干信息编码在一个条码符号中。SSCC和相关的EAN/UCC应用标识符以及属性数据可用EAN/UCC-128码制表示。同时，也可以根据需要采用条形码应用标示的不同部分来表示相关信息，如图4－6所示的条形码标签表示了系列货运包装箱代码、保质期、批号等信息。

图 4 - 6　条形码标签

3. 商品条形码和物流条形码

我国的商品条形码采用国际标准，条形码为通用商品条形码。主要是由 13 位数字码及相应的条码符号组成，也有的采用 8 位数字码及相应的条码符号。

在物流领域，一般采用的是由 14 位数字组成的标准物流条形码，它和通用商品条形码的区别之处在于，通用商品条形码单位数字之前需一位数字来表示物流识别代码。

4. 二维条形码

目前二维条形码主要有 PDF417 码，CODE49 码，DATAMATRIX 码、MAXICODE 码等，主要分为堆积式（层排式）和棋盘式（或矩阵式）两大类。如图 4-7 所示。

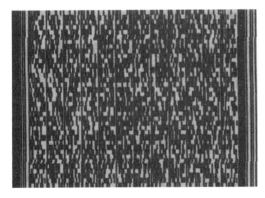

（a）堆积式二维条形码　　　　　　　　（b）矩阵式二维条形码

图 4 - 7　二维条形码系统种类

六 自动分拣系统

自动分拣系统（Automated Sorting System）起源于第二次世界大战后，在美国、日本的物流中心中开始被广泛采用。

（一）自动分拣系统的组成

自动分拣系统一般由输送装置、分类装置、分拣道口及控制装置组成。

1. 输送装置

输送装置主要组成部分是传送带或输送机，被拣商品由输送机送入分拣系统。其主要作用是使待分拣商品平稳、高效地通过控制装置、分类装置，以便进行后续的分拣处理。

2. 分类装置

分类装置是自动分拣系统的主体，包括传送装置和分拣装置两部分。

3. 分拣道口

分拣道口是从分拣传送带上接纳被拣商品的设施。

4. 控制装置

控制装置是传递、处理和控制整个分拣系统的指挥中心。控制装置识别、接收和处理分拣信号，随后根据分拣信号的要求，指示分类装置按商品品种、商品送达地点或货主的类别对商品进行自动分类。

（二）自动分拣系统的主要特点

1. 能连续、大批量地分拣货物

由于采用大规模生产中使用的是流水线自动作业方式，自动分拣系统不受气候、时间、人的体力等的限制，可以连续运行。

2. 分拣误差率极低

自动分拣系统的分拣误差率极低，这主要得益于其先进的识别技术、精确的控制系统和严格的校验机制。

3. 分拣作业基本实现无人化

自动分拣系统能最大限度地减少人力资源，基本做到无人化。

第二节 常见的物流配送作业装备

一 仓储作业设施

（一）货架

货架的种类很多，分类方法也不同。货架按运动状态可分为固定式货架和移动式货架；按货架与建筑物主体结构关系可分为库架一体型货架和分体结构型货架；按储物装置的形状可分为货架板式货架、悬臂式货架、网格式货架等；按结构可分为层架、层格架、抽屉架等。

1. 按运动状态分类

（1）固定式货架。固定式货架可分为货架式、托盘式、贯通式、重力式、压入式、阁楼式、钢结构平台式、悬臂式、移动式、抽屉式、支架式等多种类型。

（2）移动式货架包括移动式和旋转式。移动式货架根据各自的承载能力可分为轻中型移动式货架（也叫密集式货架，可分为手动和电动式货架）和重型移动式托盘货架。旋转式货架则包括垂直旋转式、水平旋转式两种。

2. 按与建筑物主体结构关系分类

（1）库架一体型货架。库架一体型货架是一种将库房和货架系统合二为一的设计。它是一种以货架结构作为库房的支撑框架，将货架系统与库房空间紧密结合在一起，形成一个可存储和组织货物的整体系统。其具有空间利用率高、灵活性强、方便管理和操作的优势。

（2）分体结构型货架。分体结构型货架是一种将货架系统和库房分开的设计。与库架一体型货架不同，分体结构型货架将货架系统作为独立的组件，可以根据需要在不同的库房或仓库中进行安装和布置。其具有易于调整和扩展、方便维护管理、可定制性强的特点。

3. 按储物装置的形状分类

（1）货架板式货架：货架板式货架是最常见的货架类型，由水平的货架板组成。货物可以直接放置在货架板上，适用于各种形状和大小的货物。

（2）悬臂式货架：悬臂式货架具有悬臂结构，类似于悬挂在墙上的臂膀。货物可以放置在悬臂上，适用于长形货物或需要悬挂存放的物品。

（3）网格式货架：网格式货架的货架板上有网格状的孔洞，通常用于存放小件物品或需要通风的货物。网格结构可以提供更好的透气性和可视性。

（4）抽屉式货架：抽屉式货架具有抽屉结构，货物存放在抽屉内。每个抽屉可以独立拉出，方便存取和管理小件物品。

（5）流利式货架：流利式货架也称为动力货架或重力货架，通过倾斜的货架板和滚轮系统，利用重力使货物自动向前滑动，实现先进先出（FIFO）的货物管理。

4. 按结构分类

（1）层架（也称为平面货架）：层架是由水平的货架板构成的，用于存放货物。它通常有多层，每层之间有固定的间距，方便存取货物。

（2）层格架（也称为网格货架）：层格架的货架板上有网格状的孔洞，可以用于存放小件物品或需要通风的货物。

（3）抽屉架：抽屉架是一种具有抽屉结构的货架，货物存放在抽屉内。它通常用于存放小件物品，方便存取和管理。

（4）悬臂架：悬臂架是一种具有悬臂结构的货架，货物存放在悬臂上。它适用于存放长形货物或需要悬挂存放的物品。

（5）重型货架：重型货架是一种用于存放重型货物的货架，它通常由较厚的钢材构成，具有较高的承载能力和稳定性。

（6）栈板货架：栈板货架是一种用于存放栈板或托盘的货架，它具有特殊的横梁和支撑结构，方便栈板的存取和堆叠。

（7）流通箱货架：流通箱货架是一种用于存放流通箱的货架，它具有适配流通箱尺寸的货架板和分隔结构，方便存放和管理流通箱。

（二）托盘

托盘是由两层面板之间夹以纵梁（或柱脚）或单层面板下设纵梁（垫板或柱脚）组成的一种平闭结构。托盘结构如图4-8所示。

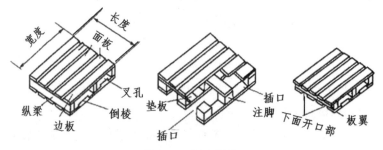

图4-8 托盘结构

资料来源：《中华人民共和国国家标准：物流术语》（GB/T 18354—2021）

1. 按材质分类

（1）木制托盘。木制托盘是早年使用较为广泛的托盘种类，应用于各个仓储及配送物流领域，如烟草行业、食品行业、化工行业、医药行业、港口、码头等。

（2）塑料托盘。目前，国内企业在塑料托盘生产中普遍采用注塑成型和中空吹塑成型这两类生产方式。注塑成型的优点是生产工序少、效率高、产品质量稳定。中空吹塑法的优点是一次性吹塑成型，制作工艺简单，成本低，缺点是成品壁厚度不均匀，尺寸不稳定。

（3）金属托盘。此类托盘刚性好，不易损坏，适用于各个领域，特别适用于货架上。

（4）纸托盘。纸托盘自重较轻，但防潮性能稍差，可通过特殊处理改善其性能，常用于航空运输中。

（5）复合材料托盘。目前用比较成熟的塑木材料制造复合材料托盘。因其具有良好的防腐、防潮性能，此类托盘适用于绝大多数行业。但也存在一定缺点，如自重较大，连接件强度不够。

2. 按结构分类

（1）平托盘。平托盘应用广泛，种类多，没有顶部结构，是一种通用托盘。按叉车插入口分为两向叉斗式和四向叉斗式。根据装载台面来划分，可分为单面和双面两类托盘。

（2）柱式托盘。柱式托盘的结构是在平托盘的四个角安装固定式或可拆卸式的四根立柱。此类托盘常用于集装包装件、桶装货物、棒料和管材等，同时也是可移动的货架、货位。柱式托盘的类型主要包括固定柱式托盘结构（如图4－9所示）、可套叠柱式托盘（如图4－10所示）。

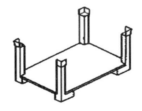 

图4－9 固定柱式托盘结构　　　图4－10 可套叠柱式托盘结构

资料来源：《中华人民共和国国家标准：物流术语》（GB/T 18354—2021）

（3）箱式托盘。箱式托盘由平托盘发展而来，箱壁为平板状或网状结构，这类托盘一般用于装载异形或不易包装的松散货物，如蔬菜、水果、农副产品等。箱式托盘结构如图4－11所示。

（4）轮式托盘。轮式托盘的主体结构简单，可通过在立柱或箱式托盘下方安装小轮子组成，适用于机械化搬运或短距离的人力搬运。轮式托盘结构如图4－12所示。

图4－11 箱式托盘结构　　　图4－12 轮式托盘结构

资料来源：《中华人民共和国国家标准：物流术语》（GB/T 18354—2021）

（5）专用托盘。专用托盘是为了满足特定货物的特殊需求而特别设计和制造的托盘。

二 运输作业装备

（一）公路运输装备

汽车按用途可分为运输汽车和特殊用途汽车。

1. 运输汽车

（1）轿车。轿车可乘2~9名人员（包括司机）。按发动机工作量（排量）分类，可分为：微型轿车，发动机排量1 L以下；普通级轿车，发动机排量在1~1.6 L之间；中级轿车，发动机排量在1.6~2.5 L之间；中高级轿车，发动机排量在2.5~4 L之间；高级轿车，发动机排量超过4 L。

（2）客车。客车可乘9名以上人员，主要供公共交通使用。按服务方式分类，可分为公交客车、长途客车、旅游客车、观光客车等类型。按车辆的长度分类，可分为：微型客车，长度小于3.5 m；轻型客车，长度在3.5~7 m之间；中型客车，长度在7~10 m之间；大型客车，长度在10~12 m之间；特大型客车，又可分为铰接式客车（车辆长度12 m以上）和双层客车（长度在10~12 m之间）两种。

（3）货车。一般可容纳2~6名人员，主要供货物运输使用。由于运输的货物种类繁多，对货车载重量和货车结构的要求也不同，主要分为普通货车和专用货车两种。货车按其总质量分类，可分为：微型货车，总质量1.8 t以下；轻型货车，总质量1.8~6 t；中型货车，总质量6~14 t；重型货车，总质量14 t以上。

（4）牵引汽车。用于牵引挂车的汽车，通常都安装了一部分挂车制动装置及挂车电气接线板。牵引车通常分为半挂牵引车和全挂牵引车。

2. 特殊用途汽车

（1）娱乐车。娱乐车是主要用于度假娱乐的车辆，如旅游车、景点观光游览车、沙滩玩具车等。

（2）竞赛车。根据不同种类的比赛开发不同类别的竞赛车。竞赛车虽然在设计和构造原理上与其他汽车大体相同，但其具有特殊用途。

（3）特种作业汽车。该类汽车通常会在车辆上安装各种专用设备以便完成特定作业，如售货车、环保作业车、工程作业车、洒水车、救护车、消防车、机场维修车等。

（4）集装箱运输车。它是专门用于运输集装箱的车辆。按集装箱半挂车结构形式可分为以下几种类型。

①平板式集装箱半挂车。此类半挂车可以承担运输一般货物和运输国际标准集装箱的货物。

②骨架式集装箱半挂车。此类半挂车专门进行集装箱运输，其结构简单，自重轻，易维修。

③低床式集装箱半挂车。此类半挂车装运的集装箱不超过 20 英尺，仅用于特殊要求的场合。

（二）铁路运输装备

铁路车辆是主要的运输工具，用于装运货物和运送旅客。铁路车辆大致可以分为两大类：客车和货车。客车根据座椅和床铺的不同配置，进一步分为软席、硬席和卧铺车。此外，餐车、邮政车、行李车以及特种用途车等也会被编挂在旅客列车上，以满足不同的运输需求。货车的主要目的是运输货物。在特殊情况下，某些货车也会被用来运送旅客或兵员。根据适用范围的不同，货车可以分为通用货车和专用货车。另外，根据适用轨距的不同，货车还可以分为标准轨距货车和窄轨距货车。

（三）水路运输装备

船舶按不同用途可以分为以下几种类型。

1. 客船

专门用来运送旅客的船舶称为客船，游船也属于客船。

2. 客货船

客货船是一种特殊的船舶类型，其设计特点在于同时运送旅客和货物。

3. 普通货船

普通货船是一种主要用于装载轻包装、袋装、箱装和桶装等普通货物的船舶。

4. 集装箱船

集装箱船主要用来运输集装箱货物。集装箱船分为三种：全集装箱船，半集装箱船，可转换的集装箱船。

5. 滚装船

滚装船是一种特殊的船舶类型，主要用于装载和运输车辆或装在车辆上的集装箱或托盘货物。

6. 载驳货船

载驳货船又名"子母船"，是一种专门用于载运货驳的船舶。其中，货驳类似于一个浮动的集装箱，通过母船的起重设备和滚动设备装载到母船上，所以其甲板上通常承载着集装箱船，此类船称为载驳货船。

7. 散货船

干散货船，简称散货船，是一种运输散装干货的船舶，如谷物、煤炭、矿石、盐和水泥等。

8. 液化气体船

液化气体船，又称液化气油船，是用来运输液化石油气和液化天然气的船。

（四）航空运输装备

航空运输装备一般是指飞机。比较常见的飞机类型包括螺旋桨飞机、喷气式飞机和超声速飞机。

（五）管道运输装备

管道运输装备主要是指用于输送液体和气体等流体物质的管道系统，它由管道本体、泵站、阀门、计量仪表、安全附件等构成。这些装备通常埋设在地下或海底，通过连续密闭输送方式，高效、安全地将原油、天然气、成品油、化工原料等流体从产地或处理厂输送到消费地或加工厂。管道运输具有运量大、连续性强、成本低、占地少、能耗小、安全可靠等优点，在现代物流体系中发挥着重要作用。

三 集装箱作业装备

（一）集装箱的概念

集装箱是一种具有高强度、可重复使用、便于装卸和运输的大型装货容器，是现代物流体系中不可或缺的重要组成部分。

（二）集装箱的分类

1. 普通货物集装箱

普通货物集装箱按用途分为通用集装箱和专用集装箱，按结构分为内柱式集装箱（如图 4-13 所示）、外柱式集装箱、可折叠式集装箱（如图 4-14 所示）等。内柱式集装箱的侧柱位于侧壁或端壁之内，表面平滑，受斜向外力作用时不易损坏，安全牢固，同时容易进行标识，外板与内板间存在空隙，保温效果好，产品不易受潮，在维修或更换外板时，无须拆下内箱，维修保养方便。外柱式集装箱的侧柱在壁外，所以受到外力作用时，外板稳定不易损坏。可折叠式集装箱，顾名思义其主要部件（指容器的侧壁、端壁和顶部）易于折叠或拆卸，再使用时重新组装也容易。

图 4 - 13　内柱式集装箱结构

图 4 - 14　可折叠式集装箱结构

资料来源：《中华人民共和国国家标准：集装箱运输术语》（GB/T 17271—2023）

2. 特种货物集装箱

（1）干货集装箱。这类集装箱也叫通用集装箱，通常用来运输日常用品、医药类、纺织类、电子器械、零件等杂货。其使用量占全部集装箱的 70% ～80% 左右。

（2）冷藏集装箱。这类集装箱主要用于运输生鲜食品，如新鲜水果、鱼、肉等。目前国际上冷藏箱以内藏式和外置式为主。冷藏集装箱结构如图 4 - 15 所示。

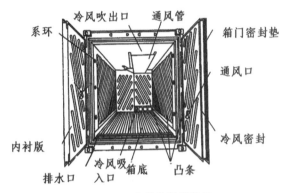

图 4 - 15　冷藏集装箱结构

资料来源：《中华人民共和国国家标准：集装箱运输术语》（GB/T 17271—2023）

（3）框架类集装箱。框架类集装箱包括板架集装箱、牲畜集装箱、汽车集装箱三大类。

①板架集装箱用以装载长大件、超重件和轻泡货，重型机械、钢材、钢管、钢锭、裸装机械和设备等。

②牲畜集装箱是为了装载运输家禽和家畜而特别设计的专用箱，又称围栏式集装箱或动物集装箱。此类集装箱设有饲料槽、清除口和排水口，两端壁有钢制框架的门，且装有钢丝网，通风良好，箱门可以自由打开锁闭。

③汽车集装箱是一种专门设计用于运输小型轿车的特殊集装箱，它通常具有钢制框架和无箱壁的特点，以提高运输效率和空间利用率。

（4）散料集装箱。散料集装箱包括固体散料集装箱、液体罐状集装箱两类。

固体散料集装箱通常用来装运各类散料。为便于清扫和洗刷，集装箱的内板材料一般为玻璃钢，侧壁的内衬板通常用刨平的木板，这样的结构既便于清洁维修，又能提高卸载的溜滑效果。固体散料集装箱顶部开有 2～3 个圆形或方形的装货口，端壁门下部开有 2 个卸货口。液体罐状集装箱则通常用来装运各类液体货物，如酒类、油类、饮料、化学试剂等。散料集装箱结构如图 4 - 16 所示。

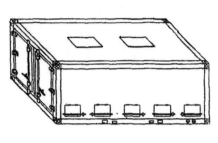
固体罐状集装箱

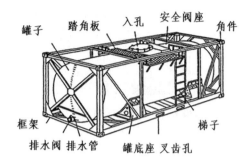
液体罐状集装箱

图 4 – 16 散料集装箱结构

资料来源：《中华人民共和国国家标准：集装箱运输术语》（GB/T 17271—2023）

四 | 装卸搬运作业装备

（一）叉车

叉车广泛用于车站、码头、仓库和货场等场所，是承担装卸、搬运、堆码作业的特种车辆。叉车可分为内燃叉车、电动叉车和仓储叉车三类。

1. 内燃叉车

内燃叉车分为四类，即传统内燃叉车、重型叉车、集装箱叉车、侧面叉车。

（1）传统内燃叉车。传统内燃叉车通过燃烧柴油、汽油、液化石油或天然气提供动力，载重约 1.2～8.0 t，工作通道宽度约 3.5～5.0 m。传统内燃叉车对废气排放和噪声无特殊要求，可以在室外、车间进行使用。而且加油方便，可长时间连续作业，不受恶劣环境（如雨天）影响。

（2）重型叉车。重型叉车主要以柴油为动力源，有效载荷能力约为 10.0～52.0 t，常用于码头、钢铁等重载行业的露天作业。

（3）集装箱叉车。集装箱叉车由柴油发动机提供动力，起重能力约为 8.0～45.0 t，其包括空箱堆垛机、重箱堆垛机等。集装箱叉车主要用于集装箱堆垛或港口码头的集装箱装卸等作业。

（4）侧面叉车。侧面叉车由柴油发动机提供动力，起重能力约为 3.0～6.0 t，不转弯时，该叉车从侧面直接叉取货物，多用来叉取像木条、钢筋这类的长形货物。

2. 电动叉车

电动叉车以电能为动力源。起重能力约 1.0～4.8 t，工作通道宽度约 3.5～5.0 m。电动叉车无污染、无噪声，常用于医药、食品等环境要求较高的行业。

3. 仓储叉车

仓储叉车是仓库内搬运货物时使用频率最高的叉车。大多数仓储叉车都是以电动机驱动的，少部分采取人力驱动，如手动托盘叉车。

（1）电动托盘搬运叉车。此类叉车的载重在 1.6～3.0 t 之间，工作区宽度约 2.3～2.8 m，货叉高度通常在 4.8 m 以下，用于仓库内货物的装卸和搬运。根据实际情况，选择步行或站立两种工作方式。

（2）电动托盘堆垛叉车。此类叉车的载重在 1.0～1.6 t 之间，工作区宽度约 2.3～2.8 m，货叉高度通常在 4.8 m 以下，相比电动托盘搬运叉车，这类叉车多一个门架，用于货物的堆垛和装卸。

（3）前移式叉车。前移式叉车的载重在 1.0～2.5 t 之间，门架缩回时作业通道宽度在 2.7～3.2 m 之间，升起高度不超过 11 m，作业时门架可以整体前移或缩回，在仓库中经常用于中等高度的堆垛作业。

（4）低位三向堆垛叉车。低位三向堆垛叉车一般配备有三向堆垛头，货叉能够灵活转动，使得叉车在堆垛两侧货物时无需大幅度转动车身。叉车适用于通道宽度在 1.5～2.0 m 之间的仓库环境，其最大货叉升降高度可达 12 m。

（5）高位三向堆垛叉车。高位三向堆垛叉车也配备有三向堆垛头，作业通道宽度在 1.5～2.0 m 之间，升起高度最高为 14.5 m。

（6）电动牵引车。这类牵引车靠电能驱动，牵引力可达 3.0～25.0 t，可牵引数辆载货小车。它通常用于在工厂内部或工厂之间的货物运输。

（二）巷道堆垛机

巷道堆垛机又称为巷道式堆垛起重机，是自动化立体仓库（自动存储系统）的关键设备之一。其功能是穿梭在高层货架的巷道内作业，将货物存入或者取出货格。

（三）输送设备

1. 皮带输送机

皮带输送机利用皮带的连续运动来输送物料，属于物流输送设备。输送距离长、承载能力大且输送路线多样，如水平、倾斜、垂直布置。

2. 辊子输送机

辊子输送机利用辊子转动运送平直底的成件货物，如箱类、桶类、托盘货物。辊子输送机的优势在于输送距离长、速度快，输送路线可水平、倾斜布置，且可以通过分流、合流、转向等方式灵活改变输送方向。

3. 链条输送机

链条输送机是指利用链条传动运送货物的物流输送设备，一般用来输送托盘。链条一般采用水平布置的直板链。链条输送机的承载能力大，结构简单。

4. 链板输送机

链板输送机由牵引构件和承载构件组成。闭合、循环运行的链条为牵引构件，用于对接或搭接的平行板、波浪形板、槽型和箱型等构件为承载构件。

5. 链网输送机

链网输送机也有牵引构件和承载构件，牵引构件是闭合的、循环运行的链条或链网结构，承载构件是塑料链网模块或钢质网带等构件。链网输送机通常用于食品等行业。

6. 垂直输送机

垂直输送机一般用来进行货物的连续或往复式的垂直输送。

五　分拣配货作业装备

自动分拣机是指通过预先设定的计算机指令分拣货物，再将分拣山的货物运送至指定位置的机械。自动分拣机包括以下类型：

（一）挡板式分拣机

挡板式分拣机是一种利用挡板来挡住并引导输送带上货物进行分拣的自动化设备。

（二）浮出式分拣机

浮出式分拣机是一种自动化的物流分拣设备，其工作原理是通过特定装置将货物从主输送带上托起，并引导至不同滑道或分拣口的设备。

（三）倾斜式分拣机

倾斜式分拣机通过特定的装置使输送带或托盘发生倾斜，从而将货物引导至不同的分拣口或滑道，实现货物的快速、准确分拣。

（四）翻盘式分拣机

翻盘式分拣机是一种先进的自动化物流分拣设备，它通过翻转托盘或滑槽的方式来实现对货物的分拣。

（五）托盘式分拣机

托盘式分拣机主要由驱动设备、牵引设备、托盘小车等组成。托盘小车一般分为 U 形托盘小车、交叉带托盘小车、平板托盘小车等。

（六）悬挂式分拣机

悬挂式分拣机是用牵引链（或钢丝绳）作牵引的分拣设备。根据功能和配置的不同，它可分为固定悬挂和推式悬挂两种机型。

六 包装加工作业装备

（一）包装机械

包装机械的主要功能是完成全部或部分产品和商品包装过程。包装过程的主要工序有充填、包裹、封口等，其他相关的前后工序有清洗、堆码和拆卸等。此外，计量或在包装件上盖印等工序也包括在包装过程中。使用包装机械的优势在于，可提高生产效率，减轻劳动强度，适应大规模生产的需要，并保证了产品的卫生质量。

包装机械的种类繁多，根据货物状态可分为液体包装机、块状包装机和散装包装机，根据包装结构可分为内包装机和外包装机，根据包装行业可分为食品、医药、日用品包装机，根据包装工位可分为单工位包装机和多工位包装机，根据自动化程度可分为半自动包装机和全自动包装机。

（二）流通加工机械

1. 剪板机

剪板机是一种用于剪切金属板材的机械设备，在各种金属板材的流通加工中应用广泛。剪板机一般可分为脚踏式（人力）、机械式、液压摆式、精密式、液压闸式。

2. 切割机

切割机的种类丰富多样，主要有火焰切割机、等离子切割机、激光切割机等。

第三节 物流配送装备标准化

一 物流标准化含义和分类

（一）物流标准化的含义

物流标准化是指在物流活动的各个环节中，如运输、配送、包装、装卸、保管、流通加工、资源回收及信息管理等，针对重复性的事物和概念，通过制定、发布和实施一系列标准，实现各环节的协调统一，从而达到优化物流流程、提高物流效率、降低物流成本，并获取最佳秩序和社会效益的目标。物流标准涵盖了系统内部设施、设备、专用工具等的技术标准，包装、仓储、装卸、运输等各类作业标准，以及作为现代物流突出特征的物流信息标准，进而形成全国的、与国际接轨的标准化体系。

（二） 物流标准化的分类

按照应用范围，物流标准可分为技术标准、工作标准和行业标准三项。

（1） 技术标准是指对物流活动中需要协调统一的技术事项所制定的标准。

（2） 工作标准是指制定物流作业过程中工作方法、程序和质量的标准，包括工作程序、岗位职责和权限、车辆运行时间表、相关岗位协调、员工奖惩、信息传递、异常处理等。

（3） 行业标准是指由物流行业组织、政府部门或相关机构制定并发布的，针对物流行业特定领域或环节的技术、操作、管理等方面的统一规范和标准。

二 物流模数系列标准化

物流模数是为了物流作业的合理化和标准化，以数值关系表示的物流系统各种因素尺寸的标准尺度。物流系统中的多种要素组成了物流模数，这些要素包括货物的成组，装卸搬运成组货物的机械设备，货车、卡车、集装箱及运输设施，保管货物的机械和设备等。一般的物流模数划分方法如下：

（一） 物流基础模数尺寸

物流基础模数尺寸是指为物流系统标准化而制定的标准规格尺寸。

国际物流基础模数尺寸为 $600 \text{ mm} \times 400 \text{ mm}$。这种基础模数尺寸的确定，主要是为了满足物流系统中最具影响力且最难以改变的输送设备的需要，可利用"逆推法"计算出运输设备的尺寸。基础模数尺寸一经确定，就可以根据这些参数，为物流系统的设施建设、设备制造，物流系统中各环节的配合协调，物流系统与其他系统的配合，选择其规定倍数的标准尺寸。

（二） 物流建筑基础模数尺寸

物流建筑基础模数尺寸是指物流系统中各种建筑物的基础模数尺寸，它是以物流基础模数尺寸为依据而确定的。

（三） 集装模数尺寸

集装模数尺寸，也叫物流模数尺寸，是指从物流基础模数尺寸推导出的各种集装设备的基础尺寸，集装设备三项（长、宽、高）尺寸也根据这个尺寸设计。

三　物流托盘标准化

物流托盘标准化有托盘尺寸规格标准化，托盘制造材料标准化，各种材质托盘质量的标准化，托盘检测方法及鉴定技术标准化，托盘作业标准化，托盘集装单元化和托盘作业一贯化，托盘国内、国际共用化，托盘与物流设施、设备、运输车辆、集装箱等尺寸协调合理化等内容。

四　集装箱标准化

（一）国际标准集装箱

国际标准集装箱是指根据国际标准化组织（ISO）第 104 技术委员会制定的国际标准来建造和使用的国际通用的标准集装箱。目前，国际标准集装箱共分为三个标准规格系列，其中第 Ⅰ 系列共 13 种（1A～1D，1AA～1CC，1AAA～1BBB，1AX，1BX，1CX，1DX），第 Ⅱ 系列 3 种（2A～2C），第 Ⅲ 系列 3 种（3A～3C）。现行的国际标准第 Ⅰ 系列部分标准集装箱的规格如下表 4－1 所示。

表 4－1　集装箱规格表

箱型	长/毫米	长/毫米	宽/毫米	高/毫米	最大总重量/千克
1A	12192	40 英尺	2438	2438	30480
1AA	12192	40 英尺	2438	2591	30480
1B	9125	30 英尺	2438	2438	25400
1BB	9125	30 英尺	2438	2591	25400
1C	6058	20 英尺	2438	2438	20320
1CC	6058	20 英尺	2438	2591	20320
1D	2991	10 英尺	2438	2438	10160

经常把 20 英尺的标准箱当作国际标准集装箱的换算单位，称其为换算箱或标准箱，简称 TEU。一个 20 英尺的标准集装箱换算为一个标准箱，一个 40 英尺的标准集装箱，简称 FEU，1FEU ＝2TEU。

每种集装箱的宽度相同，了解各种规格集装箱的长度才能充分利用各种运输工具的载重量和容积，其中 1A 型 40 英尺（12192 毫米），1B 型 30 英尺（9125 毫米），1C 型 20 英尺（6058 毫米），1D 型 10 英尺（2991 毫米），另外，集装箱的标准间距 I 为 3 英寸（76

毫米），则

$$1A = 1B + I + 1D = 9125 + 76 + 2991 = 12192（毫米）$$
$$1B = 1D + I + 1D + I + 1D = 3 \times 2991 + 2 \times 76 = 9125（毫米）$$
$$1C = 1D + I + 1D = 2 \times 2991 + 76 = 6058（毫米）$$

（二）国家标准集装箱

国家标准集装箱是由各国政府参照国际标准并依据本国国情制定的集装箱标准。中国、美国、日本、德国、英国、法国等国家都有制定自己国家的集装箱标准。

练习与思考

1. 货架是如何进行分类的？
2. 托盘的分类方式有哪些？
3. 装卸搬运作业设备有哪些？
4. 请举例运输作业装备的种类。
5. 物流模数是什么？
6. 什么是集装模数尺寸？

亚马逊网上书店的物流与配送

总部位于美国西雅图的亚马逊网上书店于 1995 年 7 月开业，到 1999 年底全球已有 160 个国家 1300 万网民在亚马逊书店购买了商品。亚马逊 2021 全年净销售额为 4698 亿美元，同比增长 22%，亚马逊第四季度净销售额为 1374 亿美元，同比增加 9%。亚马逊网上销售的商品有书籍、音乐、DVD、录像片、玩具、游戏、电子产品及软件、家庭用品等。亚马逊网上销售的方式有网上直销和网上拍卖。亚马逊网上销售的配送系统具有如下特点。

1. 拥有完整的物流、配送网络

到 1999 年，亚马逊在美国、欧洲和亚洲共建立了 15 个配送中心，面积超过 32.5 万平方米，其中在美国佐治亚州的配送中心占地 7.43 万平方米，机械化程度很高，这是亚马逊最大的配送中心，也是 1999 年建立的第五个配送中心。2022 年 4 月，亚马逊宣布将在加利福尼亚州安大略省开设一个多层、大型的机器人配送中心。据了解，新的设施高达五层，总面积高达 410 万平方英尺，位于工业区，将由房地产公司 Prologis 负责建设。该设施将是亚马逊自 2019 年以来在美国各地设立的大型配送中心之一。此外，亚马逊在纽约州克莱市设立的总面积高达 380 万平方英尺的配送中心也将完成，该配送中心也是采用了先进的机器人技术，支持处理小型、可分类商品。并且，所有包裹不可超过 18 英寸，大小必须适合机械化传送系统和移动货架单元。因为有了这样完善的配送中心网络，订货和配送中心作业处理及送货过程更加快速，这样亚马逊减少了向主要市场上用户送货的时间，缺货的情况也更少。

2. 以全资子公司的形式经营和管理配送中心

亚马逊认为，配送中心是接触到客户订单的最后一环，是实现销售的关键环节，他们不想因为配送环节的失误而损失任何销售机会。这一做法未必可以推广，但这也说明，对电子商务来讲，配送对整个电子商务体系具有决定性意义。

3. 提供多种送货方式和送货期限

亚马逊提供了多种送货方式和送货期限供消费者选择，对应的送货费用也不相同。主要的送货方式有两种：一是以陆运和海运为基本运输工具的标准送货，二是空运。根据目的地是国内还是国外的不同以及所订的商品是否有现货（决定集货时间），送货期限可能会有很大的区别。如选择基本送货方式，并且商品有库存，在美国国内需要 3~7 个工作日才能送货上门；在国外，加上通关时间，需要 2~12 个星期送货上门。如果选择空运，美国国内用户等待 1~3 个工作日可以到货，国外用户则需要等待 14 个工作日。交货时间的长短反映了配货系统的竞争力，亚马逊设计了比较灵活的送货方案，这使用户有更多的选择性，受到用户欢迎。

（资料来源：亚马逊网上书店的物流与配送 ［EB/OL］. （2021 - 04 - 03）［2024 - 10 - 01］. https：//www. renrendoc. com/paper/121192494. html. ）

第五章

配送中心的规划与作业流程

➤ **学习目标**

通过本章学习，掌握配送中心的概念和基本功能，了解配送中心规划设计所涉及的基本内容，包括配送中心的选址及因素分析、内部设施设备的布局、物流系统的设计等，熟悉配送中心的作业流程，理解配送中心管理内容和管理方法，为将来参与配送中心的规划设计打下牢固的理论基础。

第一节 ┃ 配送中心概述

一 ┃ 配送中心的概念

目前，国内外学者对配送中心的定义尚未达成一致。

日本《市场用语词典》对配送中心的解释是："配送中心是一种物流结点，它不以贮藏仓库这种单一的形式出现，而是发挥配送职能的流通仓库，也称作基地、据点或流通中心。配送中心的目的是降低运输成本，减少销售机会的损失，为此建立设施、设备并开展经营、管理工作。"

《物流手册》对配送中心的定义是："配送中心是从供应者手中接受多品种大批量的货物，进行倒装、分类、保管、流通加工和情报处理等作业，然后按照众多需求者的订货要求备齐货物，以令人满意的服务水平进行配送的设施。"

王之泰在《新编现代物流学》中对配送中心的定义如下："配送中心是从事货物配备（集货、加工、分货、拣选、配货）和组织对用户的送货，以高水平实现销售或供应的现代流通设施。"

《中华人民共和国国家标准：物流术语》（GB/T 18354—2021）中配送中心的定义是："配送中心是具有完善的配送基础设施和信息网络，可便捷地连接对外交通运输网络，并向末端客户提供短距离、小批量、多批次配送服务的专业化配送场所。"

二 配送中心的功能

配送中心的基本功能是：

（一）集货功能

为了满足客户"多品种、小批量"的订货需求，配送中心需要将分散的货源集中起来，从多个供应商处组织进货，以备齐客户所需商品，此项工作称为集货。

（二）储存功能

配送中心以配送为主，储存为辅，旨在通过集中采购以便有效组织货源，并降低进货成本。为了调节商品的生产与消费、进货与销售之间的时间差，有必要保持一定的商品库存。配送中心通常配备现代化程度较高的储存设施和设备，以满足配送商品的要求，保证按时送货。

（三）拣选功能

配送中心储存的商品品种繁多，客户订单的要求千差万别。按客户订单要求的品种数量从库存商品中挑选出来，并集中在一起，这种作业称为拣选。拣选一般是在接到订单后在规定的时间内完成，是一项复杂而繁重的工作。

（四）流通加工功能

配送中心根据客户要求，对货物进行简单的加工活动，以满足市场的多样化需求。

（五）分拣功能

分拣是指将一批相同或不同的货物，按照特定的要求，进行分别拣选、集中的作业过程。分拣既有人工分拣也有自动化分拣。随着配送中心每天处理的订单数越来越多，品种也越来越复杂，自动化分拣技术在配送中心得到广泛运用。

（六）配送功能

配送是指按客户的订货要求，将拣选、加工、包装等作业环节后准备好的货物，通过合理的运输方式和路线，安全、及时、准确地送达指定地点或客户手中的一系列物流活动。

（七）信息处理功能

配送中心的信息处理是指通过先进的信息技术手段，配送中心对物流活动中产生的海量数据进行收集、整理、分析和传递，以实现物流流程的智能化、高效化和精准化，确保配送中心能够迅速响应市场需求，优化资源配置，提升客户满意度。

三 配送中心的类型

配送中心的主要类型有：

（一）按配送中心的归属及服务范围分类

1. 自有型配送中心

自有型配送中心指隶属于某一个企业或企业集团，通常只为本企业服务，不在本企业或企业集团之外开展配送业务的配送中心。常见的是大型连锁超市企业自设的配送中心。

2. 公用型配送中心

公用型配送中心是以盈利为目的，面向社会开展后勤服务的配送组织，其主要特点是服务范围不局限于某一个企业或企业集团内部，而是面向全社会开展配送服务。

（二）按配送中心辐射范围分类

1. 城市配送中心

一般而言，城市配送中心可直接配送商品到最终用户，其服务对象多为连锁零售商业的门店或最终的消费者。其特点是运输距离较短、反应能力强，因此在从事多品种、少批量、多用户的配送时较有优势。

2. 区域配送中心

这类配送中心库存商品准备充分，辐射能力强，因此其配送范围广，可跨省市甚至跨国配送。其配送规模与配送批量一般较大，主要服务对象为下一级的城市配送中心，有时也零星地配送给营业所、商店、批发商和企业用户。

（三）按运营主体分类

1. 以仓储运输业为主体的配送中心

这类配送中心是以仓储和运输为主要业务，并以此为基础向客户提供配送服务的物流中心。

2. 以制造商为主体的配送中心

这类配送中心是制造商为了优化供应链管理、降低流通费用、提高售后服务质量而建立的配送中心。

3. 以批发商为主体的配送中心

这类配送中心是批发商为了扩大销售、提高配送效率、降低物流成本而建立的物流枢纽。

4. 以零售业为主体的配送中心

这类配送中心是零售企业为了优化库存管理、提高配送效率、降低物流成本而建立的物流枢纽。

第二节　现代配送中心的规划与设计

一　配送中心新建的必要性

配送中心新建的必要性主要体现在以下几个方面：

（一）缩短配送时间与提升物流效率

（1）核心位置优势：配送中心位于全球供应链的核心位置，有助于缩短物流时间，提高产品及时到达用户手中的速度。

（2）优化运输路线：通过配送中心的集散、拆分、拼箱、转运等功能，能够优化货物运输的路线和时间，减少不必要的运输环节，从而显著提升物流效率。

（二）提高仓储管理与服务水平

（1）提高仓储管理水平：配送中心的建立能够实现供应链的便捷化和协调化，提高仓储管理水平，确保货物在存储过程中的安全和有序。

（2）提供专业化服务：配送中心能够提供更加专业化、更加优质的保管、包装、加工、配送、信息服务，满足现代物流活动对高质量服务的需求。

（三）降低物流成本与增强竞争力

（1）节约运输成本：配送中心通过整合物流资源，实现批量进发货物和直达运输，有助于降低物流系统成本。

（2）提高资源利用率：配送中心能够更有效地利用资源，减少物流开支，并通过引入自动化设备和技术，提高物流作业的效率。

（3）增强市场竞争力：通过提供更加高效、低成本的物流服务，配送中心能够增强企业的市场竞争力，拓宽企业的发展空间。

（四）适应市场变化与满足多样化需求

（1）调节生产与消费矛盾：现代生产、加工无法完全在工厂、车间满足和适应市场需求的变化，配送中心能够调节生产与消费之间的矛盾与变化，确保市场供应的稳定性。

（2）满足多样化需求：配送中心能够实施多渠道的物流覆盖，满足用户多样化的需求，增加更多的客户群。

（五）促进物流行业的可持续发展

（1）提升物流服务水平：配送中心的建立和管理对于物流行业的发展至关重要，它能够提升物流服务水平，推动物流行业的可持续发展。

（2）引入先进技术：配送中心可以引入电脑网络系统、自动分拣输送系统、自动化仓库等现代化物流装备和技术，提高物流作业的自动化和智能化水平。

二 配送中心的选址

（一）配送中心选址的原则

一般来说，配送中心选址的原则主要包括以下几点：

（1）适应性原则：配送中心的选址必须与国家以及省市的区域经济发展方针、政策相适应，与国家物流资源分布和需求分布相适应，与国民经济和社会发展相适应。

（2）经济性原则：选址应以总费用最低为原则，同时考虑未来物流辅助设施的建设规模、建设费用以及物流运输费用等因素。

（3）协调性原则：配送中心的选址应将国家的物流网络作为一个大系统来考虑，使配送中心的设施设备在地域分布、物流作业生产力、技术水平等方面互相协调。

（4）前瞻性原则（或战略性原则）：配送中心的选址应具有战略眼光，既要考虑当前的需要，也要考虑日后的发展。

（二）配送中心选址的基本条件

配送中心选址时，必须根据已确认的目标、方针，明确以下各条件，逐步筛选配送中心候选地。

（1）必要条件：了解客户分布状况，预测业务量的增长率、配送的辐射范围；

（2）交通运输条件：靠近铁路货运站、港口码头、机场、汽车货运站等运输据点，另外必须能方便联系运输公司；

（3）配送服务条件：能及时通知客户货物到达时间，配送频率，订、发货周期和配送距离与范围；

（4）用地条件：新建配送中心必须根据征地时地价及地价许可范围内用地分布状况来考虑；

（5）法规：在指定的用地区域内是否有不准建仓库和配送中心等设施的规定；

（6）管理与信息条件：要求配送中心靠近总部及营业管理和计算机等部门；

（7）流通功能：商流和物流是否分离，在配送中心内是否有流通加工功能，能否确保职工聘用便利、上下班方便；

（8）其他：根据业务种类判定是否需要冷冻、保温设施，防止公害设施或危险品处理设施等选址区内是否限制这些特殊条件，能否适应这些条件。

（三）配送中心选址所需的数据

一般而言，配送中心选址需要预测与分析计算模型中的作业量和成本这两个数据。

1. 作业量

（1）工厂到配送中心的运输量；

（2）配送给客户的配送量；

（3）配送中心的库存量；

（4）不同配送路线的作业量。

2. 成本

（1）工厂到配送中心之间的运输费；

（2）货物配送给客户的配送费；

（3）设施及用地所需费用及其相关的人事费、业务费等。

（四）配送中心选址的因素分析

1. 客户分布

配送中心应接近主要客户群体，以便更快速地满足客户需求。了解客户的地理分布和需求特点有助于优化配送路线和减少运输成本。

2. 供应商分布

考虑供应商的位置和分布，确保配送中心能够方便地获取货物。与供应商地理位置相近可以降低库存成本，提高供应链的响应速度。

3. 交通条件

便捷的交通网络对配送中心至关重要。选址时应考虑附近的高速公路、铁路、港口等交通设施，以确保运输的顺畅和高效。

4. 土地条件

土地的可获得性、成本和未来发展潜力是选址过程中的关键因素。选址时应考虑土地的位置、面积、形状和地形等因素，以及是否符合城市规划和土地使用政策。

5. 自然条件

气候条件、地质环境等自然因素可能对配送中心的运营产生影响。例如，洪水、地震等自然灾害可能威胁配送中心的安全。因此，在选址时需要评估这些风险并采取相应的防护措施。

6. 人力资源条件

充足的人力资源是配送中心正常运营的关键。选址时应考虑附近地区的人力资源供应情况，包括劳动力数量、技能和成本等因素。

7. 政策法规条件

政府政策、法规和标准对配送中心的选址和运营具有重要影响。了解并遵守相关法规，以获得政府的支持和优惠政策。

8. 附属设施条件

配送中心周围的辅助设施，如外部信息网络、水电供应、通信设施等，也是选址过程中需要考虑的因素。这些设施的完善程度将直接影响配送中心的运营效率和成本。

三 配送中心内部的设施规划

（一）建筑物

建筑物结构有两种，一种是钢筋混凝土结构，另一种是钢骨架结构。在建筑物设计方面应考虑的因素有：

1. 地面负荷强度

地面负荷强度是仓库地面的平整度和承载能力的指标。对地面负荷能力的测量，目的是保证设备安全使用和作业的正常运转。地面负荷强度是由保管货物的种类、比重、货物码垛高度和使用的装卸机械等决定的。一般地面的负荷强度规定如下：

（1）单层建筑物平均负荷 $2.5 \sim 3.0 \ t/m^2$；

（2）多层建筑物一层平均负荷为 $2.5 \sim 3.0 \ t/m^2$，二层平均负荷 $2.0 \sim 2.5 \ t/m^2$，三层以上平均负荷为 $1.0 \sim 2.0 \ t/m^2$。

2. 天棚高度

天棚高度是指在全部装满货物时货物的计划堆放高度，或者说在考虑最下层货物所能承受的压力时，堆放货物的高度加上剩余空间的总高度。天棚高度不能一概而论，通常单层建筑为 $5.5 \sim 6.5 \ m$，二层为 $5 \sim 6 \ m$，三层为 $5.0 \sim 5.5 \ m$。

3. 立柱间隔距离

配送中心建筑物的立柱间隔不当，会使作业效率和保管能力下降。一般情况下，若是钢筋混凝土结构，则横向为 $6 \sim 12 \ m$，纵向为 $9 \sim 12 \ m$。若是钢骨架结构，横向为 $6 \sim 12 \ m$，纵向为 $9 \sim 21 \ m$。

4. 建筑物的通道

配送中心的通道是根据搬运方法、车辆出入频度和作业路线等确定的，建筑物内部通道的设置与内部设施的功能、效率、空间使用等因素有关，所以应根据货物的品种和批量大小，以及所选定车辆的出入频度和时间间隔等因素，来决定通道的宽度和条数。

通道宽度的标准为：人行道 0.5~0.6 m，手推车道 1 m，叉车道（直角装载时）重型平衡叉车 3.5~4.0 m，伸长货叉型叉车 2.5~3.0 m，侧面货叉型叉车 1.7~2.0 m，巷道起重堆垛机通道为起重机直行 1.5 m，起重机垂直作业 2.5~4.0 m。

（二）卡车停车场

车辆停放时占用的面积如下：

（1）停车场面积：一般情况下，当车辆停止时，车与车之间的间隔距离为 0.5~1.0 m，停车场总面积 = 车体实际投影面积 ×1.56 倍；

（2）卡车车道宽度：单线车道宽度 3.5 m，双线车道宽度为 7 m；

（3）卡车回转区宽度：2 t 车 11 m，4 t 车 13 m，5 t 车（加长）18 m，11 t 车 20 m，货柜车 33 m。

（三）装卸站台及遮雨棚

（1）站台高度：2 t 车 0.7 m，4 t 车 0.9 m，5 t 车 1.1 m，11 t 车 1.3 m，集装箱车 1.4 m；

（2）遮雨棚高度与宽度：遮雨棚距站台高度为 3 m 以上，遮雨棚宽度为 5 m 以上。

四 配送中心物流系统的设计

（一）普查物流对象

物流对象包括商品的包装形态（纸箱、木箱等），商品的单件包装重量及外形尺寸的最小值、最大值、平均值，根据每一种商品的出库量、库存量进行"ABC"分类。品种数占总品种数 20%，处理量占总处理量 60% 的商品为 A 类，属高周转率的商品；品种数占总品种数 40%，处理量占总处理量 30% 的商品为 B 类，属中周转率的商品；品种数占总品种数的 40%，处理量占总处理量的 10% 的商品为 C 类，属低周转率的商品。

A 类商品，由于库存量普遍较大，在收货、出货、配货时，均以托盘为单位进行大量搬运。使用叉车装卸搬运配货最为有效，且保管时可在库内直接以托盘为单位就地堆放。

B 类商品，属于中批量商品，库存期比 A 类商品长，须加强日期管理，坚持先进先出的原则，采用立体货架进行储存。

C类商品，一般库存量较少，为了确保保管效率，通常采用重力式货架储存。

（二）对物流量进行分析与预测

配送中心规模取决于物流量的大小，因此须重点调查物流量的最大值、最小值和平均值，查明年间、月间、日间的变化情况。

在调查清楚物流量变化的基础上，要科学分析和预测将来的物流量，它是配送中心设计的重要依据。通常预测内容是从运营之日起，六年内的物流量的逐年变化情况，如品种、数量、周转率，以及使物流量发生变化的各种因素。

（三）对物流信息处理情况的调查

要了解配送中心订货以及库存、分拣、配送等物流管理信息的处理、信息的网络形式和目前信息处理中存在的问题等。

（四）对物流配送作业内容的调查

对物流配送作业内容的调查旨在全面掌握现有物流配送体系的运作状况，包括订单处理流程、进货与库存管理策略、配送作业效率、流通加工能力、信息技术应用水平、人员配置与组织结构、设施与设备状况，以及成本控制与财务管理等多个方面。通过深入了解这些作业内容，可以发现潜在的问题和改进空间，为建设更加高效、智能的物流配送中心提供有力的数据支持和决策依据。

（五）入货出货条件

入货和出货条件是物流配送中心运作的核心要素，它们直接关系到物流效率和成本控制。入货条件通常包括货物接收的标准流程、质量检验要求、入库时间限制以及库存分配策略等。出货条件则涵盖了订单确认、拣选策略、配装优化、配送时间窗口以及配送方式选择等多个方面。同时，出货还需要考虑配送的时间安排和运输方式的选择，以确保货物能够按时、安全地送达客户手中。综合考虑这些入货和出货条件，可以帮助物流配送中心实现更加高效、精准的运作。

第三节 | 配送中心作业流程

虽然特性或规模不同的配送中心营运涵盖的作业项目不完全相同，但大致可归纳为图5-1的基本作业流程。

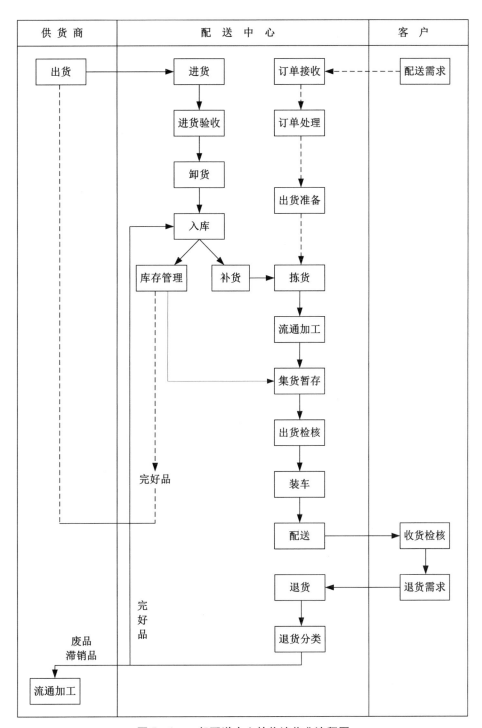

图5-1　一般配送中心的物流作业流程图

因此，配送中心可分为采集订单与汇总订单，进货、验收与备货，装卸搬运与储存，拣货与分拣，配送包装与配送加工，车辆配载与配送线路规划，出货作业，退货作业流程与退货处理这几个部分。

一 采集订单与汇总订单

（一）订单接收

随着流通环境及科技的发展，接受客户订货的方式也逐渐由传统的人工下单、接单，演变为电子订货方式。

电子订货就是以电子传递方式取代传统人工书写、输入、传送的订货方式，也就是将订货资料转为电子资料形式，通过网络传送。电子订货系统（EOS，Electronic Order System）就是采用电子数据交换方式取代传统商业下单、接单动作的自动化订货系统。

（二）需求品项、数量和日期的确认

这是对订货资料项目的基本检查，即检查品项、数量、送货日期等是否有遗漏、笔误或不符合要求的情形。尤其当要求送货时间有问题或出货时间已延迟的时候，更需与客户再确认订单内容或更正期望运送时间。

（三）客户信用的确认

不论订单通过何种方式传至配送中心，都要查核客户的信用状况，以确定其是否有能力支付该订单的账款。

（四）订单形态确认

配送中心对客户订单或订单上的订货品项进行确认，以便对不同形态的订单提供相应的处理流程或服务。

（五）订货价格确认

订货价格确认是指配送中心对接收到的客户订单中的商品价格进行核对和确认的过程。

（六）加工包装确认

加工包装确认是配送中心作业流程中的一个重要环节，它涉及对加工和包装后的产品进行全面检查和确认，以确保这些操作符合预定的标准和要求，从而保证产品的质量和安全，满足客户的需求。

（七）存货查询及依照订单分配存货

1. 存货查询

确认是否有库存能够满足客户需求，通常称为"事先拣货"。存货查询的资料一般包括品项名称、库存单元号码、产品描述、库存量、已分配存货、有效存货及期望进货时间。

2. 分配存货

订单资料输入系统，确认无误后，对存货进行汇总分类、调拨库存，以便后续的物流

作业能有效地进行。存货的分配模式可分为单一订单分配和批次分配两种。

（八）按订单排定出货时程和拣货顺序

对于已分配存货的订单，安排其出货时程和拣货先后顺序时，通常会再按客户需求、拣取标准时间及内部工作负荷来拟定。

（九）订单资料输出

1. 拣货单（出库单）

拣货单需结合配送中心的拣货策略及拣货作业方式来设计，以提供详细且有效率的拣货信息，便于拣货的进行。

2. 送货单

物品交货配送时，通常需附上送货单据给客户清点签收。

3. 缺货资料

库存分配后，对于缺货的商品或缺货的订单资料，系统应提供查询或报表打印功能，以便后续处理。

二　进货与验收

（一）进货与验收的主要流程

一般进货的主要作业流程如图5-2所示。

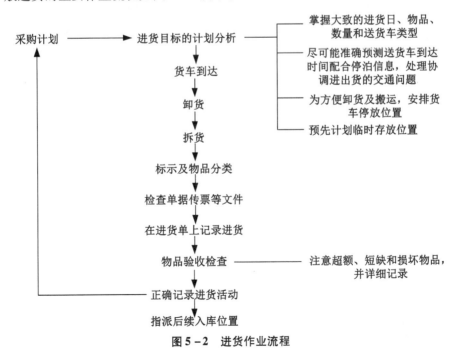

图5-2　进货作业流程

（二）进货考虑因素

在进货方面的考虑因素包括：

（1）进货对象及供应厂商总数：单日供应商数量（平均，最多）；

（2）商品种类与数量：单日进货物品项数（平均，最多）；

（3）进货车辆类型与台数：车数/日（平均，最多）；

（4）每车的卸（进）货时间；

（5）商品的形状、特性；

（6）进货所需人员数（平均，最多）；

（7）配合储存作业的处理方式；

（8）每一时刻的进货车数调查。

（三）进货准备

进货准备工作一般有：

（1）根据供应商的送货预报，在计算机终端内输入这些商品的条形码以及本日到货的所有预报信息；

（2）送货人员要根据各种不同的来货方式，安排好足够空间的收货场地和叉车等搬运机械，使到达的商品能及时卸车堆放；

（3）预备好有关用具，避免临时忙乱。一般应准备好收货回单图章、存放单据盒（或夹子）、物流条形码（或粉笔）以及包装加固的材料工具等。

（四）物品验收检查

物品的验收工作包括品质检验和数量点收双重任务。验收工作的进行，有两种不同的情形：第一种是先点收数量，再通知负责检验单位办理检验工作；第二种是先由检验部门检验品质，认为完全合格后，再通知仓储部门办理收货手续，填写收货单。

1. 物品验收的标准

验收物品时，可根据下列几项标准进行检验：

（1）采购合约或订购单所规定的条件；

（2）以询价或议价时的合格样品为依据；

（3）采购合约中的规格或者图解；

（4）各种产品的国家质量标准。

2. 物品验收的方法

（1）品质验收

品质验收方法包括物理试验、化学成分分析及外形检查等。由于交接时间短促和现场码盘等条件的限制，在收货检验时，一般用看、闻、听、摇、拍、摸等感官检验方法。

①在验收流汁商品时，应检查包装箱外表有无污渍（包括干渍和湿渍），若有污渍，必须拆箱检查并调换包装；

②在验收玻璃制品（包括部分是玻璃制作的制品）时，要每件摇动或倾倒细听声响，经摇动发现破碎声响，应当场拆箱检查破碎数量和程度，以明确交接责任；

③在验收香水、花露水等商品时，除了通过听觉辨别其包装是否完好，还可以在箱子封口处进行气味检验，若闻到香气严重刺鼻，则应当高度怀疑内部商品存在异常情况；

④在验收针棉织品等怕湿商品时，要注意包装外表有无水渍；

⑤在验收商品有效期时，必须严格注意商品的出厂日期，并按照公司的规定把关，防止商品失效和变质。

（2）数量验收

在点收数量时，除核对物品号码外，还可依据采购合约规定的单位，用度量衡工具，逐一衡量其长短、大小和轻重。从目前实际情况来看，有两种核对方法，即"三核对"和"全核对"。

"三核对"，即核对商品条形码（或物流条形码）、核对商品的件数和核对商品包装上的品名、规格。只有做到"三核对"，才能确保品类相符、件数准确。由于用托盘收货时，要做到"三核对"有一定难度，故收货时采取边收边验的方法，才能保证"三核对"的执行。

有的物品即使进行了"三核对"后，仍会产生一些规格和等级上的差错，如品种繁多的小商品，对此类物品则要采取"全核对"的方法，要以单对货，核对所有项目，即品名、规格、颜色、等级、标准等，才能保证单货相符、准确无误。

数量验收，从"数量"两字的含来说，除了验收大件外，还需验收"细数"以及散装、畸形、零星等各种商品。细数是指商品包装内部的数量，即商品价格计算的单位，如双、条、支、瓶、根的数量。

除了数量的验收外，还要做好条形码和包装的验收工作。商品条形码验收时要抓住两个关键：一是检验该商品是不是有送货预报的商品，二是验收该商品的条形码与商品数据库内已登录的资料是否相符。包装验收是为了保证商品在运行途中的安全。物流包装一般在正常的保管、装卸和运送中，能够防止其受到颠簸、挤轧、摩擦、叠压、污染等影响。在包装验收时，应具体检查纸箱封条是否破裂、箱盖（底）摇板是否粘牢、纸箱内包装或商品是否外露、纸箱是否受过潮湿。

一旦验收不合格，则有可能采取退货、维修或寻求折扣等方式解决。物品验收处理的程序将验收的可能情况与处理措施的选择列出，以便验收者在验收时了解情况及作决策参考。

三 装卸搬运与储存

（一）装卸搬运

根据《中华人民共和国国家标准：物流术语》（GB/T 18354—2021）中给出的定义，装卸是指："物品在指定地点以人力或机械装入运输设备或卸下。"搬运是指："在同一场所内，对物品进行水平移动为主的物流作业。"

物料装卸搬运是物流过程中的一个重要环节，具体指的是在同一地域范围内进行的，以改变物料的存放状态和空间位置为主要内容和目的的活动。这个过程包括了对物料进行装上、卸下、运送、堆垛、取货、理货、分类出库、入库等作业。这些作业活动通常是随运输和保管等活动而产生的必要过程，旨在确保物料在物流过程中的顺畅流转和高效管理。

考虑物品装卸搬运成本时，需遵循两个基本原则，即：距离的原则。距离越短，移动越经济；数量的原则。移动的数量越多，每单位移动成本越低。

（二）储存

根据《中华人民共和国国家标准：物流术语》（GB/T 18354—2021）中给出的定义，储存是指："贮藏、保护、管理物品。"储存作业的主要任务在于妥善保存将来要使用或者要出货的物料，并经常要做库存品的检核控制。在此过程中，不仅需善用空间，也要注意存货的管理。配送中心的储存与传统仓库的储存由于营运形态不同，更要注意空间运用的灵活性及存量的有效控制。

四 拣货与分拣

（一）拣货的方式

常见的拣货方式有两种：

1. 订单分别拣取

这种作业方式是针对每一张订单，作业员游走于仓库内，将客户所订购的商品逐一由仓库中挑出集中的方式，这是传统的拣货方式，俗称摘果式拣取。

2. 批量拣取

批量拣取是将订单中同一种商品合计，一日一次或数次，按不同种类的商品总数拣选，然后再按不同的需求方划分。由于拣选后的商品在出货场地进行划分，因其类似农夫播种的动作，所以俗称播种式拣取。

订单分别拣取和批量拣取是两种最基本的拣货方式，相比而言，订单分别拣取弹性较大，临时性的产能调整较为容易，适合客户少样多量订货、订货大小差异较大、订单数量变化频繁、有季节性趋势、物品外形体积变化较大、物品特性差异较大和分类作业较难进行的配送中心。批量拣取的作业方式通常在系统化、自动化后产能调整能力较小，适用于订单大小变化小、订单数量稳定且物品外形体积较规则固定，以及需要流通加工的配送中心。

（二）分拣

根据《中华人民共和国国家标准：物流术语》（GB/T 18354—2021）中给出的定义，分拣是指："将物品按一定目的进行分类、拣选的相关作业。"

五 配送包装与配送加工

（一）包装

包装分为个装、内装及外装三种。

1. 个装

个装是指物品的个别包装，这是为了提升商品价值、保障美观和保护物品而使用适当的材料或容器对物品加以包装。

2. 内装

内装是指货物包装的内层，即考虑水、湿气、光热、冲击等对物品的影响，而使用适当的材料或容器对物品加以包装。

3. 外装

外装是指货物包装的外层，即将物品装入箱、袋、木桶、罐等容器，或在无容器的状态下，将货物加以捆绑、施加记号及打包符号等。

内装及外装又可统称为运输（工业）包装，对于运输货物的包装，通常不求装潢美观，只求坚固耐用，以免货物经长距离辗转运输而遭受损失。

（二）配送加工

配送加工是指按照配送客户的要求所进行的流通加工。配送加工就是配送和流通加工相结合的一种形式，通过在流通中进行必要的加工，使流通更有针对性，减少盲目性。当社会现成产品无法直接满足用户的需要，或者用户因为自身的工艺要求，需要用到经过特定初加工的产品时，这种加工配送的方式就显得尤为重要且实用。

配送加工和一般的生产加工相比较，在加工方法、加工组织、生产管理方面并无显著区别，但在加工对象、加工程序方面差别较大。与生产加工相比较，配送加工具有以下特点：

（1）客户导向性：配送加工的主要依据是配送客户的要求。这意味着配送加工的目的、内容和形式都需要紧密围绕客户的需求进行设计和实施。

（2）加工目的的单一性：配送加工的目的相对单一，主要是为了提高客户的满意程度。通过加工处理，使产品更符合客户的需求和期望，从而增强客户的满意度和忠诚度。

（3）灵活性：由于配送加工主要基于客户的需求进行，因此具有很强的灵活性。企业可以根据市场变化、客户需求调整加工的内容和形式，以满足不断变化的市场需求。

（4）增值性：配送加工通过流通加工增值服务，可以为企业带来更多的收益。企业可以通过提供个性化的加工服务，提高产品的附加值，从而增加企业的收益。

（5）优化资源配置：配送加工可以优化物流资源的配置，提高物流效率。通过合理的加工处理，可以减少不必要的运输、存储等环节，降低物流成本，提高物流效率。

六 车辆配载与配送线路规划

（一）车辆配载服务要点

1. 原则

（1）安全原则：保证运输过程最基本的要求，考虑货物重心、稳定性、防滑等因素，确保货物在运输过程中不会发生安全事故。车辆不应超过额定载重量，以确保车辆的行驶稳定性。

（2）经济原则：根据货物的重量、体积等特性选择合适的车型，提高装载率，减少车辆数量，降低运输成本。

（3）合理性原则：根据货物的特性，合理分配货物到车辆上，使得每辆车的装载数量、重量、体积等都达到合理的要求，避免因过重或过轻导致车辆使用效率低下。

（4）适应性原则：根据运输路线、道路状况、天气情况等因素，选择合适的车型、车速、行驶路线等，确保货物在运输过程中能够安全、稳定地到达目的地。

（5）容错性原则：在车辆配载过程中，考虑到可能出现的意外情况，留有一定的余量，以应对突发情况，保证货物能够及时到达目的地。

（6）合作原则：车辆配载需要不同部门、不同人员之间的协作与配合，包括货主、运输公司、物流中心、车辆驾驶员等。只有各方合作、协调，才能保证货物能够安全、准时地到达目的地。

2. 技术和管理要点

（1）货物分类：不同性质的货物应分开装载，避免互相干扰或互相污染。区分重货和泡货，合理搭配装车，以提高装载效率。

（2）货物稳定：货物应尽可能均匀地分配在车辆的前后、左右和上下方向。分配货物后，应调整货物中心的高度，避免造成车辆运行过程中的不稳定性。

（3）货物安全：货物应有必要的防护措施，保证货物的安全和完整。对易燃、易爆、有毒有害和易腐货物应有特殊的安全措施。

（4）体积优先：对于体积较大而重量较轻的货物，应优先考虑体积最大的部分，因为这可能会影响到车辆的运行。

（5）紧固固定：确保货物在车辆上的牢固固定，以免在运输过程中发生移位和溢出事故。

（6）车辆平衡：在货物分配过程中，要注意平衡车辆的重心，避免重心偏移造成车辆翻转。

（7）路况和环境：在不同的路况和环境下，需要根据实际情况进行调整，以确保车辆行驶的安全和稳定。

（二）配送线路规划

在物流配送的过程中，计划配送、线路配送和范围配送是三个关键的要素，它们共同构成了配送活动的核心框架。

1. 计划配送

计划配送是配送活动的起点和基础，它涉及对配送资源的预先规划和安排。具体要素包括：

货物：这是配送的核心对象，包括货物的种类、形状、重量、包装、材质、装运要求等。在计划配送时，需要对货物的这些特性进行深入了解，以便选择合适的配送方式和工具。

客户：客户是配送服务的接受者，包括委托人和收货人。在计划配送时，需要了解客户的需求和期望，如配送时间、地点、数量等，以便制定符合客户需求的配送计划。

车辆：车辆是配送的重要工具，其选择直接影响到配送的效率和成本。在计划配送时，需要根据货物的特性、数量、配送地点以及车辆的容积、载重量等因素来决定选用什么样的车辆。

人员：人员是配送活动的执行者，包括司机和配送业务员。在计划配送时，需要考虑人员的数量、技能、经验等因素，以确保配送活动的顺利进行。

时间：时间是配送活动的关键因素，不仅涉及货物的在途时间，还包括装卸搬运时间。在计划配送时，需要了解配送起点和终点的装货和收货的时间限制和要求，以便提前做好安排，避免不必要的装卸等候和货物拒收。

2. 线路配送

线路配送是配送活动的具体实施过程，它涉及车辆按照一定的路线将货物送达指定地点。具体要素包括：

路线选择：配送路线的选择是线路配送的核心内容，可以采用经验判断法、综合评价法等方法来确定。在选择路线时，需要考虑路线的长度、交通状况、路况等因素，以确保货物能够按时、安全地送达目的地。

配送顺序：在确定了配送路线后，还需要根据客户的配送要求和车辆的能力，制定合理的配送顺序。这可以确保货物能够按照客户的要求及时送达，同时提高车辆的利用率和配送效率。

实时调整：由于配送过程中可能会遇到各种不可预见的情况，如交通拥堵、天气变化等，因此需要实时调整配送线路和顺序，以确保配送活动的顺利进行。

3. 范围配送

范围配送是配送活动在空间上的扩展和延伸，它涉及在特定的区域内进行配送服务。具体要素包括：

配送区域：配送区域是范围配送的基础，它决定了配送活动的范围和边界。在确定配送区域时，需要考虑货物的来源、客户的分布、交通状况等因素，以便制定合理的配送计划。

配送终端：配送终端是范围配送的节点，它负责将货物从配送中心送达最终客户。在确定配送终端时，需要考虑其数量、位置、服务能力等因素，以确保配送活动的顺利进行。

配送网络：配送网络是范围配送的骨架，它连接着配送中心和配送终端，构成了完整的配送体系。在构建配送网络时，需要考虑其覆盖范围、运输方式、节点数量等因素，以确保配送活动的高效性和经济性。

七 | 出货作业

将拣取分类完成的货品做好出货检查，装入妥当的容器，做好标示，根据车辆趟次类别或厂商类别等指示将物品运至出货准备区，最后装车配送。这一系列连续且有序的流程即为出货作业的内容。

八 | 退货作业流程与退货处理

商品的退货是配送中心作业管理的重要环节，其流程如图5-3所示。

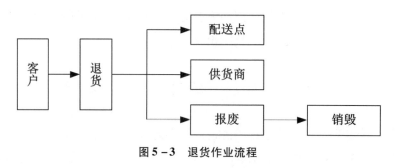

图5-3 退货作业流程

商品的退货主要分为以下几种情况：

（1）协议退货：这主要适用于与仓库订有特别协议的季节性商品、试销商品、代销商品等。协议期满后，剩余商品仓库会给予退回。

（2）有质量问题的退货：对于不符合质量要求的商品，在接收单位提出退货后，仓库也会给予退换。在这种情况下，因质量问题产生的退换货，所有邮费必须由卖家承担。

（3）搬运途中损坏退货：商品在搬运过程中造成产品包装破损或污染，仓库将给予退回。

（4）商品过期退回：食品及有保质期的商品在送达接收单位时或销售过程中超过商品的有效保质期，仓库会予以退回。

（5）销售退货：这涉及消费者在购买商品后，由于各种原因（如不满意、尺寸不合适等）将商品退回给物流中心。物流中心会根据退货政策和商品状况进行处理。

第四节　配送中心的管理

一　配送中心的员工管理

配送中心的员工管理是一个关键的管理领域，对于确保配送中心的高效、准确和顺畅运行至关重要。以下是一些关于配送中心员工管理的关键要素和策略：

（一）招聘与选拔

（1）明确岗位需求：根据配送中心的业务需求和特点，明确各岗位的职责和要求。

（2）招聘合适的人才：通过招聘广告、人才网站、社交媒体等渠道发布招聘信息，吸引合适的求职者。

（3）考试与选拔：通过面试、笔试、实际操作等方式评估求职者的能力和素质，选拔最契合岗位需求的人才。

（二）培训与发展

（1）入职培训：向新员工介绍公司文化、规章制度、岗位职责、操作流程等，使其尽快适应工作环境。

（2）在职培训：定期组织员工参加技能培训、安全培训、团队协作等方面的培训，提高员工的专业能力和综合素质。

（3）职业发展：为员工提供晋升机会和发展空间，鼓励员工积极进取，实现自我价值。

（三）绩效考核与激励

（1）制定绩效考核标准：根据各岗位的职责和要求，制定明确的绩效考核标准。

（2）定期进行绩效考核：定期对员工的工作表现进行评估，了解员工的工作成果和不足之处。

（3）实施激励措施：根据绩效考核结果，给予员工相应的奖励和惩罚，激励员工积极工作。

（四）沟通与协作

（1）建立良好的沟通渠道：通过会议、邮件、电话等方式与员工保持密切联系，及时传达公司政策和信息。

（2）鼓励团队协作：加强员工之间的沟通和协作，促进团队凝聚力和整体绩效的提升。

（3）解决冲突与问题：及时发现并解决员工之间的矛盾和冲突，维护良好的工作氛围。

（五）安全管理

（1）制定安全规章制度：制定明确的安全规章制度和操作流程，确保员工在工作过程中遵守安全规定。

（2）加强安全检查：定期对配送中心的设备、设施进行安全检查和维护，确保设备正常运行。

（3）提高员工安全意识：加强员工的安全教育和培训，提高员工的安全意识和自我保护能力。

（六）员工福利与关怀

（1）提供良好的工作环境：为员工提供良好的工作环境，确保员工在工作中感到舒适和愉悦。

（2）提供丰厚的福利待遇：为员工提供具有竞争力的薪资待遇、社会保险、带薪休假等福利待遇。

（3）关注员工身心健康：关注员工的身心健康状况，定期组织员工进行体检和心理健康评估。

二 配送中心的业务管理

物流配送中心一般执行的业务流程是：接货→验货→收货→保管→配货→发货。

配送中心的首要任务在于接收品种多、批量大的货物；其次，实施严格的商品检验流程；然后保管工作须紧密贴合各分店的具体需求。接到发货通知后，配送中心应立即进行配货作业，根据各分店的具体要求，将各类商品配备齐全，并按照不同的分类方式和发送需求进行组织和发货。

三 配送中心的库存管理

（一）库存管理的内涵

库存管理是将货品的库存量保持在适当的范围之内，避免存量过多造成资金积压、增加保管难度，或存量过少导致浪费仓容、供不应求的情况。因此，库存管理的意义在于：一是确保库存能配合销售情况、交货需求，为客户提供满意的服务；二是设立库存管理基准，以最经济的订购方式与控制方法来提供营运所需的供货。

（二）库存管理必须考虑的关键问题

1. 订购点的问题

订购点是指当库存量降至某一特定水平时，需要立即进行订购以补充库存的点。一旦订购点过早，则将使库存增加，相应增加了货品的库存成本及空间占用成本；如果订购得太晚，则将造成缺货现象，甚至会流失客户、影响信誉。

2. 订购量的问题

订购量是指当库存量水平降至订购点时，计划订购的物料或产品数量。一旦订购量过多，则货品的库存成本增加；若订购量太少，货品会有供应断档的可能，且订购次数必然增加，也提高了订购成本。

3. 库存基准的问题

库存基准包括最低库存量和最高库存量。

（1）最低库存量：指管理者在衡量企业本身特性、需求后，所订购货品库存数量应维持的最低界限。

（2）最高库存量：为了防止库存过多、浪费资金，各种货品均应限定其可能的最高库存水平，也就是货品库存数量的最高界限，以作为内部警戒的一个指标。

（三）存货的 ABC 分析控制法

ABC 分析控制法的基本原理是"关键的是少数，次要的是多数"，根据各项存货在全部存货中重要程度的大小，将存货分为 ABC 三类：A 类存货数量较少，资金占用多，应重点实行管理；B 类存货为一般存货，数量较多，资金占用一般，应实行常规管理；C 类存货数量繁多，资金占用少，不必花费太多精力，一般凭经验管理即可。

在库存成本管理中，采用 ABC 分析法，对于 A 类物资，由于占用资金较大，应该严格按照最佳库存量的办法，采取定期订货方式，设法将物资库存降到最低限度，并对库存变动实行经常或定期检查，严格盘存等；C 类物资虽然数量较多，但占用的资金不大，因此在采购订货方式上，可以用定量不定期的办法，即按订货点组织订货，在库存管理上可采取定期盘点，并适当控制库存；B 类物资，可视不同情况，对金额较高的物资可按 A 类物资管理，对金额较低的物资可按 C 类物资管理。

四 配送中心的成本控制

（一）配送中心的成本构成

配送中心的成本包括运输费用、拣选费用、配装费用、加工费用、装卸与搬运费用，其具体表现为：

（1）运输费用，主要包括在配送运输过程中发生的车辆费用和营运间接费用；

（2）拣选费用，主要包括在配送拣选过程中发生的拣选的人工费用及拣选的设备费用；

（3）配装费用，主要包括配装环节发生的材料费用、人工费用等；

（4）加工费用，主要包括配送加工环节发生的设备使用、折旧、材料及人工费用；

（5）装卸与搬运费用，主要包括在配送过程中发生装卸及搬运的人工、营运、装卸搬运合理损耗及其他费用。

（二）配送成本控制的意义

配送成本控制是指在配送过程中，按照规定的标准严格监督配送成本的各种影响因素，使配送各环节的成本控制在预定的范围内。

配送企业的收入来源之一是通过降低配送过程中的成本费用，从而与客户共享由此产生的利润。配送成本控制不仅是客户在选择配送服务时关注的重要因素，也是配送企业自身运营管理中不可或缺的一环。因此，加强配送成本控制显得尤为重要。

（三）配送成本控制的方法

配送成本控制方法，包括绝对成本控制法和相对成本控制法。

1. 绝对成本控制

绝对成本控制是将成本控制在一个绝对的、预设的金额或比例以内的成本控制方法。绝对成本控制要求把营运过程中发生的各环节的一切费用支出，都列入成本控制范围。标准成本和预算控制是绝对成本控制的主要办法。

2. 相对成本控制

相对成本控制是通过成本与产值、利润、质量和功能等因素的对比分析，寻求在一定制约因素下取得最优经济效益的一种控制方法。

相对成本控制扩大了配送成本控制领域，要求配送企业在降低配送成本的同时，充分考虑与成本关系密切的因素，如配送产品结构、项目结构、配送服务水平等，从而减少单位产品成本投入，提高整体经济效益。

（四）配送成本控制的基本程序

1. 制定控制标准

成本控制标准是控制成本费用的重要依据。物流配送成本控制标准的制定，应按实际的配送环节分项制定，不同的配送环节，其成本项目也不同。配送作业的成本控制标准、业务数量标准通常由技术部门研究确定，费用标准由财务部门和有关责任部门研究确定。

2. 揭示成本差异

成本的控制标准制定后要与实际费用进行比较，及时揭示成本差异。差异的计算与分析也要与所制定的成本项目进行比较。

3. 成本反馈

在成本控制中，成本差异的情况要及时反馈到有关部门，以便及时控制与纠正。

练习与思考

1. 什么是配送中心？
2. 配送中心的主要功能有哪些？
3. 配送中心选址的基本条件有哪些？
4. 配送中心选址要进行哪些因素分析？
5. 结合实际谈谈怎样进行配送中心的总体规划。
6. 配送中心进货应考虑的因素有哪些？
7. 拣货方式有哪几种？分析各种拣货方式的优缺点。
8. 配送中心库存管理必须考虑哪些问题？

 章末案例

日本神户生协连锁超市鸣尾浜配送中心的规划设计

神户生协是日本消费者合作社（CO-OP）中规模最大的连锁商业企业。它拥有会员约123 万户，年销售总额 3840 亿日元（折合人民币 300 亿元），销售商品以食品为主（占 72%）。

神户生协拥有超市连锁门店 171 个，每天购货达 35 万人次；对于那些因会员少、尚

不具备开设门店的地区，则建立无店铺销售网，设送货点22万多个、服务对象近30万户家庭。面对供应面广、品种多、数量大的供配货需求，神户生协建造了鸣尾浜配送中心，承担了全部销售商品的配送任务。

在规划这座配送中心时，他们认为，规划应该首先有利于提高对客户（商场）的服务水平；根据商品多品种、小批量、多批次要货的特点，做到能在指定的时间里，将需要的商品、按所需的数量送到客户的手中，以提高销售额、削减商场库存、提高商店作业效率，减少流通过程的物流成本，增强企业的竞争力。

（一）多功能的供货枢纽

鸣尾浜配送中心具有以下重要功能：

（1）根据物流集约化原则，神户生协在规划鸣尾浜配送中心时，强调了供货枢纽的战略功能；

（2）商品出货单位要小，以此满足商场越来越强烈的拆零要求；

（3）将原来由商场承担的工作量大、耗时多的贴标签、改包装等流通加工作业，放到配送中心里完成，以满足小型超市商场运营的需要；

（4）扩大库存商品的品种，以强化配送中心的供货能力，降低商品的缺货率，特别是采用了与POS系统联网的EOS电子订货系统，来处理连锁店的订货，并根据库存信息，预测总订货量，向供应商发出订货单；

（5）扩大分拣功能，对中转型商品实施集约化作业，改善零售店收货和搬运作业；

（6）除一部分特殊商品（如日配品）外，畅销商品全部由配送中心供货，为实现向商场配送计划奠定基础；

（7）满足无店铺定点销售物流的需求；

（8）开发支撑配送中心高效运转的信息处理系统；

（9）抑制物流成本。配送中心拥有不少先进的物流设备和设施，为了保证正常运转，必须做好日常的维修保养工作，以降低物流成本，包括加强人事管理、配送中心运营费用的预算和外托合同企业（如运输公司）的联系等；

（10）增强配送中心的应变能力。由于配送中心的物流量随着经营规模的发展而不断扩大，必须确保在一段较长时间内能满足企业发展的需要。配送中心的设计，以10年之内的周、日处理量的变化，作为最大值、平均值，故具有满足此后数年的处理能力。另外，要做到今后有扩建的余地。

（二）现代化的物流设施

配送中心的选址是一项至关重要的工作。神户生协把配送中心选在神户西宫市鸣尾浜地区。其理由是：第一，日本关西商业经营的重心在大阪，配送中心能保证迅速调运商品；第二，神户生协连锁超市的发展区域点多面广，能尽可能利用附近的43号国道和大阪海岸公路；第三，大量车辆进入配送中心，会产生较大的噪声，因此必须选择在准工业区域。

鸣尾浜地区全部是填海造地而成，配送中心基地面积 38 000 m²，宽 190 m，长 200 m，呈长方形；在配送中心基地周围，东、西为宽 20 m 和 12 m 的公路，南、北为宽 16 m 的公路。配送中心选址如图 5-4 所示。

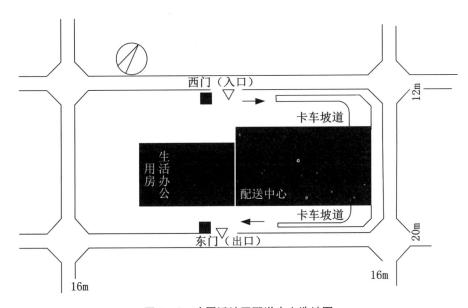

图 5-4 鸣尾浜地区配送中心选址图

配送中心建筑平面呈 L 形，大部分为两层建筑，仅南端生活办公用房为 3 层。总建筑面积 33 805 m²，其中，用于配送作业的面积为 27 907 m²。

为了更合理组织车流，基地设两个出入大门，东门出、西门进，各宽 15 m。建筑东西两翼各有一条卡车坡道，宽 6.5 m（包括 1 m 宽人行道），坡度为 15%。卡车由东坡道下楼，单向行驶。

配送中心是现浇钢筋混凝土结构的建筑物，柱网尺寸为 12 m×9 m，底层层高 7.5 m，二层为 6 m；屋盖为钢结构、金属瓦楞屋面。

建筑物底层为分拣系统及发货场地、站台、储存货架和拣货作业场。上下两层站台总长 460 m，拥有停靠车位 147 个（其中收货 58 个、发货 89 个）。

合理的物流流程和运作模式：

配送中心根据经营商品进销的不同情况和商品 ABC 分析，将物流分成 3 条通路：

路线 1（库存型物流）：指进销频繁的商品，整批采购、保管，经过拣选、配货、分拣、配送到门店和无店铺销售的送货点。

路线 2（中转型物流）：通过计算机联机系统和商品信息订购的商品，整批采购、不经储存，通过配送中心进行拣选、组配和分拣，再配送到销售门店和无店铺销售点。

路线3（直送型物流）：商品从供货单位发出，不经过配送中心，直接组织货源送往商场。

下图5-5为配送中心的物流流程简图。

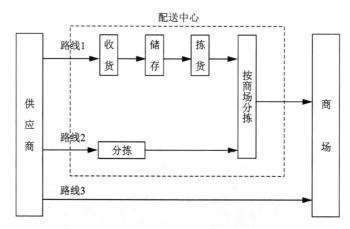

图5-5 配送中心的物流流程

鸣尾浜配送中心的作业情况如下：

（1）收货

供货商将商品送至配送中心二楼收货站台，人工卸车，包装均为统一规格系列的纸箱。整批商品由人工堆码托盘、叉车搬运；路线2商品由人工将货物卸至辊道输送机，进行验收，再经合流后送入主输送带。

（2）储存、搬运

大部分商品储存在二楼，路线1整批商品以托盘为储存单元，由叉车送入普通货架；需要开箱拆零的单元，由叉车送入普通货架；再从储存货架上取出、搬入轻型重力式货架、人工拣选。

（3）拣选

鸣尾浜配送中心在建设过程中，研究总结了日本不少配送中心成功与失败的经验，结合超市销售量大、利薄的特点，认为对于批量零星而进出频繁的商品，不宜采用立体仓库、巷道拣选机，故配送中心决定采用普通货架、人工拣选的方式，以适应多种销售形式。

路线2的商品属中转商品，在配送中心内进行的是越库配送（Cross-Docking）。收货后暂存辊道输送机上，经人工粘贴发货条形码后，直接送入输送带，进入分拣系统。

（4）分拣系统

全部发运商品的纸箱上均被粘贴印有条形码的发运标签（内容包括：销售店名称、商品名称、数量等），该标签由计算机打印。这些商品从各条拣选渠道汇集到主输送带，从二楼传入底楼，最后合流至分拣系统。

分拣信息由激光扫描器读取纸箱上的条形码信息，进行自动分拣、分拣系统采用高速胶带传送斜轮分拣机，分拣作业线总长 160 m，分拣道口 41 条，道口间距 3 m，传送速度 100 米/分，分拣能力为每小时 6000 箱。分拣的纸箱允许的最大长度为 0.9 m、最大重量 25 kg，超重时，分拣机自动停止运转。

（5）配送

从分拣道口的斜滑道滑下的商品，由人工装入笼车等集装单元化运载工具，并送至发货站台待运。而后，商品按编排的配送路线，分别装入各辆厢式卡车，配送到各超市连锁店。笼车回空时可折叠起来，节省车容。

笼车的采用，大大减少了中间的装卸环节，有效地改善了从配送中心的储存货架到商场的商品陈列货架的整个物流过程的装卸搬运作业效率，加快了运输车辆的周转。配送中心的卡车，只需一名司机，兼职装卸工，便可完成全部装卸搬运作业，非常经济实用。

鸣尾浜配送中心建成后，充分发挥了促进和扩大商品流通的作用。它配合零售店，辅助供应工作，提供各种服务，如拆零发货、代贴价格标签、采用计算机联网订货、记账结算等等。

计算机库存管理的采用，大大降低了缺货率，缩短了要货期；加快了发货速度，原来每周订货 2 次，现在做到当天订货、当天或隔天即可送到零售门店，大大压缩了商场的库存，加速了商品的周转，给企业带来了极为可观的经济效益。

（资料来源：日本神户生协连锁超市鸣尾浜配送中心 ［EB/OL］.（2022 - 02 - 28）［2024 - 10 - 01］. https://wenku. baidu. com/view/0fa0a6b4971ea76e58fafab069dc5022aaea46f4. html. ）

第六章

配送中心运作绩效的评估

➤ **学习目标**

通过本章学习，了解配送中心绩效评估的原则，掌握配送中心绩效评估体系的实施步骤，熟悉配送中心绩效评估指标内容，深刻理解配送中心绩效评估的主要方法，掌握配送中心主要物流活动绩效评估方法。

第一节 | 配送中心绩效评估体系设计

一 配送中心绩效评估的原则

（一）客观公正的原则

坚持客观公正的原则，建立科学、适用、规范的评估指标体系及标准，避免主观臆断。以客观的立场评估优劣，公平的态度评估得失，合理的方法评估业绩，严密地计算评估效益。

（二）多层次、多渠道、全方位评估的原则

多方收集信息，实行多层次、多渠道、全方位评估。在实际工作中，综合运用上级考核、同级评估、下级评估、职员评估等多种形式进行评估。

（三）责、权、利相结合的原则

绩效评估的核心目的在于推动绩效的改进，而非仅仅为了评估本身、奖惩或者晋升而进行。当配送中心绩效评估结果出炉后，应分析责任的归属。在确定责任时，不仅要判断所涉事项是否属于当事人责权范围内，还要进一步确定这些事项是否为当事人可控。

（四）日常化、制度化的评估原则

配送中心必须制定科学合理的绩效评估制度，并且明确评估的原则、程序、方法、内容及标准，将正式评估与非正式评估相结合，实现评估日常化、制度化。

（五）目标与激励原则

坚持目标与激励相结合的原则，将绩效评估结果与激励措施挂钩，激发员工的积极性和创造力，以实现配送中心的持续发展和高效运营的目标。

二　现代配送中心绩效评估体系的基本要素

现代配送中心绩效评估体系的基本要素可以归纳为以下几个方面：

（一）评估指标体系

评估指标体系是绩效评估体系的核心，它直接决定了评估的全面性和准确性。配送中心的绩效评估指标体系通常包括时间效率、成本效率、质量效率和服务效率等多个维度，具体指标如订单处理时效、运输时效、成本控制、货损率、准时率、客户满意度等。这些指标全面覆盖了配送中心的运营过程，能够客观反映其绩效水平。

（二）评估对象

评估对象是指绩效评估体系中需要被评价的具体内容。现代配送中心的绩效评估对象通常包括基本业务绩效、总体物流活动绩效以及具体作业流程绩效等。基本业务绩效涉及订单处理、拣选、包装、配送等关键环节；总体物流活动绩效则包括成本、客户服务、生产率、资产衡量和质量等多个方面；具体作业流程绩效则针对进出货作业、储存作业、配

送作业等具体流程进行评估。

（三）评估方法

评估方法是实现绩效评估的手段和工具。现代配送中心绩效评估通常采用定量分析与定性分析相结合的方法。定量分析通过收集和处理大量数据，运用数学模型和统计方法进行精确计算，得出具体的绩效指标值。定性分析则通过专家评估、问卷调查等方式，对难以量化的因素进行主观判断和评价。两者相结合，可以确保评估结果的全面性和准确性。

（四）评估周期

评估周期是指绩效评估的时间间隔。现代配送中心绩效评估体系需要设定合理的评估周期，以确保评估的及时性和有效性。评估周期的长短应根据配送中心的实际情况和评估需求来确定，既要避免评估过于频繁导致资源浪费，又要确保评估结果能够反映配送中心的最新运营状况。

（五）结果应用

结果应用是绩效评估的最终目的。配送中心应根据绩效评估结果，及时发现问题和不足，并采取相应的改进措施；同时，绩效评估结果还可以作为员工奖惩、晋升以及资源分配的重要依据，激励员工积极工作，提高配送中心的整体绩效水平。

（六）持续改进机制

持续改进机制是确保绩效评估体系不断完善和优化的关键。配送中心应建立持续改进机制，定期对绩效评估体系进行评估和反馈，及时发现问题和不足，并采取相应的改进措施；同时，还应关注行业发展趋势和最佳实践，不断引入新的评估方法和工具，提高绩效评估的科学性和有效性。

三　配送中心绩效评估体系的实施步骤

（一）确定评估工作实施机构

1. 评估组织机构

评估组织机构可以直接组织实施评估，评估组织机构负责成立评估工作组，并选聘相关专家组成专家咨询组。如果委托社会中介机构实施评估，先同选定的中介机构签订委托书，然后由中介机构成立评估工作组及专家咨询组。

2. 评估工作组的成员应具备的基本条件

（1）具有较丰富的物流管理、财务会计、资产管理及法律等专业知识；

（2）熟悉配送中心绩效评估业务，有较强的综合分析判断能力；

（3）评估工作主持人员应有较长的经济管理工作经历，并能坚持原则，秉公办事；

（4）专家咨询组的专家应在物流领域中具有高级技术职称，有一定的知名度和相关专业的技术资格。此外，专家咨询组的专家还应具有一定的工程技术方面的知识。

（二）制定评估工作方案

由评估工作组根据有关规定制定配送中心绩效评估工作方案，经评估组织机构批准后开始实施。

（三）收集并整理基础资料和数据

根据评估工作方案的要求，收集、核实和整理基础资料和数据。

（1）收集同等规模物流公司的评估方法及评估标准值；

（2）收集连续三年的会计决算报表，有关统计数据及评估的基础材料，确保资料的真实性、准确性和全面性。

（四）评估计分

（1）按照核实准确的会计决算报表及统计数据计算定量评估指标的实际值；

（2）根据选定的评估标准，计算出各项基本指标的得分，形成"配送中心绩效初步评估计分表"；

（3）利用修正指标对初步评估结果进行修正，形成"配送中心绩效基本评估计分表"；

（4）根据已核实的定性评估基础材料，参照绩效评议指标参考标准进行评议打分，形成"配送中心绩效评议计分汇总表"；

（5）将配送中心绩效基本评估计分表和配送中心绩效评议计分汇总表进行校正、汇总，得出综合评估的实际分数，形成"配送中心绩效得分总表"；

（6）根据基本评估的四部分（财务效益、资产营运、偿债能力、发展能力）得分情况，计算各部分的分析系数；

（7）对评估的分数和计分过程进行复核，为了确保计分准确无误，必要时用手工计算校验。

（五）评估结论

将绩效基本评估得分与物流产业中相同行业和相同规模的企业的最高分数进行比较，

将四部分内容的分析系数与相同行业的比较系数对比，对配送中心绩效进行分析判断，得出综合评估结论，并听取配送中心有关方面负责人的意见，进行适当的修正和调整。

（六）撰写评估报告

评估报告主要内容包括评估结果、评估分析、评估结论及相关附件等，需送到专家咨询组征求意见。

（七）评估工作总结

将评估工作背景、时间、地点、基本情况、评估结果、工作中的问题、采取的措施、工作建议等形成书面材料，建立评估工作档案，同时报送配送中心备案。

第二节 ｜ 配送中心绩效评估指标内容

一 基本指标

基本指标是评估配送中心绩效的核心指标，也是主要的定量指标，可以用于完成配送中心绩效的初步评估，基本指标由以下 5 项定量指标构成：

（一）净资产收益率

净资产收益率是指配送中心在一定时期内的净利润同平均净资产的比率，它体现了投资者投入企业的自有资本获取净收益的能力，反映了投资与报酬之间的关系，是评估企业经营效益的核心指标。其计算公式为：

净资产收益率 =（净利润/平均净资产）×100%

式中：净利润是指配送中心的税后利润，即利润总额减去应交所得税后的净额。

平均净资产是指配送中心年初所有者权益与年末所有者权益的平均数，它包括实收资产、资本公积、盈余公积和未分配利润。

平均净资产 =（所有者权益年初数 + 所有者权益年末数）/2

一般情况下，配送中心净资产收益率越高，企业自有资本获取收益的能力越强，运营效益越好，对企业投资者及债权人的保障程度越高。

（二）总资产报酬率

总资产报酬率是指企业在一定时期内获得的报酬总额同平均资产总额的比率，它表示配送中心包括净资产和负债在内的全部资产的总体获利能力，是评估企业资产运营效益的重要指标。其计算公式为：

总资产报酬率 =（利润总额 + 利息支出）/平均资产总额

式中：利润总额是指配送中心实现的全部利润，包括企业当年营业利润、补贴收入、营业外收支净额及所得税等内容。

利息支出是指配送中心在经营过程中实际支付的借款利息、债券利息等。

平均资产总额是指配送中心资产总额年初数与年末数的平均值。

平均资产总额 =（资产总额年初数 + 资产总额年末数）/2

一般情况下，总资产报酬率越高，配送中心的投入产出水平越高，企业资产运营的效率越高。配送中心可将此指标与市场资本利率进行比较，如果该指标大于市场利率，则表明企业可以充分利用财务杠杆进行负债经营，以获取尽可能多的收益。

（三）总资产周转率

总资产周转率是指配送中心一定时期内营业收入净额同平均资产总额的比值。它是综合评估配送中心全部资产经营质量和利用效率的重要指标。其计算公式如下：

总资产周转率（次）= 营业收入净额/平均资产总额

式中：营业收入净额是指配送中心当期提供服务等主要经营活动取得的收入减去折扣与折让后的数额。

一般情况下，总资产周转率越高，周转速度越快，配送中心的资产管理质量和利用效率越高。它不仅能够反映出配送中心本年度及以前年度总资产的运营效率及其变化，而且可以发现与同类企业在资产利用上存在的差距，提高配送中心的资产利用效率。

（四）流动资产周转率

流动资产周转率是指企业在一定时期内营业收入净额同平均流动资产总额的比值。它是评估配送中心资产利用效率的又一主要指标，其计算公式如下：

流动资产周转率（次）= 营业收入净额/平均流动资产总额

式中：平均流动资产总额是指配送中心流动资产总额的年初数与年末数的平均值。

平均流动资产总额 =（流动资产年初数 + 流动资产年末数）/2

企业通过对该指标的分析，可以加强内部管理，使流动资产得到充分利用，从而提高流动资产的综合使用效率。该指标越高，表明配送中心流动资产周转速度越快，利用率越高。

（五）资产负债率

资产负债率是指配送中心一定时期内负债总额同资产总额的比率。它反映了企业总资产中有多少是通过负债筹集的，该指标是评估配送中心负债水平的综合指标。其计算公式如下：

资产负债率 = （负债总额/资产总额）×100%

式中：负债总额是指配送中心承担的各项短期负债和长期负债总和。

资产总额是指配送中心拥有各项资产价值的总和。根据财政部的有关规定在计算资产总额时暂扣减清产核资土地估价入账价值。

二 评议指标

评议指标是指用于对配送中心运营过程中的非财务表现进行定性分析和评价的一系列指标。我国财政部下发的《国有资本金效绩评价操作细则》共分为 8 项评议指标、5 级参考标准，现结合配送中心的特点进行说明。

（一）领导班子基本素质

A 级：

（1）配送中心领导班子具有较高的知识结构，经验丰富，精通经营管理、物流管理、物流技术等专业知识及法律知识，经营业绩突出；

（2）团结协作、廉洁自律、爱岗敬业、奖惩严明，深受广大职员拥护；

（3）有先进的经营理念，勇于创新，重大决策均经过充分的科学论证，能达到预期目标，工作成绩显著。

B 级：

（1）配送中心领导班子具有一定的经营管理、物流专业及法律知识，经验较丰富，经营业绩较好；

（2）有较高的责任感，能够廉洁自律，有团结协作精神，比较有威信；

（3）主要决策经过科学论证，无重大决策失误。

C 级：

（1）配送中心领导班子专业知识、法律知识等学识、能力及业绩均为一般；

（2）主要领导基本称职，能做到团结协作、尽职尽责、关心职工；

（3）主要决策基本正确，满足企业持续发展的需要。

D 级：

（1）领导班子内部不协调，工作配合不默契，造成工作决策失误；

（2）领导班子成员自我约束不严，岗位责任感不强，奖惩不明，职员积极性不高，意见较多。

E 级：

领导班子不够团结，主要领导不得力或以权谋私，决策失误较多，企业效益滑坡，职工怨声很大。

（二）服务满意度

A 级：

（1）服务质量上乘，近三年曾获得国家或省级的荣誉认证；

（2）职员素质高，物流配送差错率极少，能及时满足顾客需求；

（3）商品及服务齐全，定价合理，严格履行对顾客的各种承诺；

（4）服务设施、设备满足顾客的需求。

B 级：

（1）服务质量较好，能够较为及时地满足顾客的各种需求；

（2）商品及服务的种类较齐全，价格较适宜；

（3）能够在服务态度、设施设备等方面让顾客较为满意。

C 级：

服务质量一般，价格基本合适，能够满足顾客的基本需求，对各项承诺完成情况一般。

D 级：

服务不够规范，价格不尽合理，存在对既定承诺的执行不力情况，不能满足顾客的一般需求。

E 级：

服务质量差，价格高，难以满足顾客的物质及心理需求。

（三）基础管理水平

A 级：

（1）配送中心组织结构健全、合理、精简；

（2）各项规章制度先进、完备、可行，并且可以被很好地贯彻执行；

（3）会计核算、财务管理、质量管理、投资融资管理等均符合国家有关法律法规；

（4）有严格的计划控制手段，能够不断创新，经济效益显著；

（5）有明确的责、权和有效的激励约束机制。

B 级：

（1）企业组织结构比较健全、合理；

（2）财务、会计、质量等各项制度和控制符合国家有关规定，并且比较先进、完备，执行状况较好；

（3）岗位责任比较明确，有相应的激励和约束机制。

C 级：

（1）具有使配送中心能够正常运转的一般规章制度，但先进性、规范性不强，执行情况一般，经济效果不明显；

（2）能够遵守国家有关规定，无重大违纪行为。

D 级：

（1）配送中心基础管理工作比较薄弱，机构臃肿，效率不高；

（2）各种规章制度不完备且比较落后，执行不严格；

（3）存在违章违纪行为，经营秩序较差。

E 级：

组织机构、规章制度等不健全，或者形同虚设，责、权、利不明，管理混乱，人心涣散，生产经营难以正常进行。

（四）在岗职员素质状况

A 级：

（1）全体职员达到岗位技能标准，每年至少参加一次技能培训；

（2）爱岗敬业，有强烈的主人翁精神和责任感，对企业发展充满信心，能够经常提出合理化建议；

（3）遵守企业的规章制度、组织纪律，讲究文明礼貌，生产经营秩序井然。

B 级：

（1）90％以上的职员达到岗位技能标准，每年有 70％ 的员工接受过各种形式的技能培训；

（2）爱岗敬业，有较强的责任感，关注企业的发展，并能提出合理化建议；

（3）职员文明守纪状况较好。

C 级：

（1）80％的职员达到岗位技术标准，每年有 50％的职员接受过各种形式的技能培训；

（2）对企业发展有一定信心；

（3）员工有责任感和敬业精神，在规章制度和纪律遵守方面表现一般。

D 级：

（1）50％以上的职员达到岗位技术标准，但多数职员未参加过专业技能培训；

（2）职员的责任感不强，纪律较松弛，对企业发展缺乏信心。

E 级：

（1）职员技术水平欠佳，有一半以上达不到一般岗位技术标准，多数职员未参加过专业技能培训；

（2）职员缺乏责任感，纪律涣散，对企业发展没有信心。

（五）服务硬环境

A 级：

（1）设施、设备适应实际需要，物流技术处于国际先进水平，设备利用率接近 100％，运转率较高；

（2）布局合理，作业环境舒适；

（3）信息化、自动化程度高，实现计算机网络管理。

B 级：

（1）设施、设备基本适应实际需要，物流技术处于国内先进水平，设备利用率在 90％以上，运行正常；

（2）内部结构合理，作业环境较为舒适；

（3）拥有一定数量的计算机等自动化设备，基本实现计算机网络管理。

C 级：

（1）设施与设备配置及先进程度一般，物流技术处于国内一般水平，设备利用率在 80％以上，运转正常；

（2）内部布局比较合理，作业环境一般。

D 级：

拥有必备的设施和设备，但缺乏先进性，物流技术落后，条件简陋。

E 级：

内部设施和设备不完备且老化过时，已接近淘汰标准，物流配送作业主要依赖手工操作，作业环境舒适度欠佳，服务条件较差。

（六）行业或区域影响力

A 级：

（1）具有综合影响力，营业收入或资产总额居全国同行业前 10 位或本省同行业前 3 位；

（2）具有很强的龙头作用，辐射带动相关产业发展，财政贡献突出，容纳就业及再就业能力强；

（3）经营管理经验先进，具有全国同行学习和借鉴的意义。

B 级：

（1）具有一定的影响力，营业收入或资产总额居全国同行前 20 位或本省同行前 6 位；

（2）能够辐射相关产业的发展，财政贡献较大，容纳就业及再就业能力较强；

（3）有较先进切合实际的经营管理经验，在本地区具有借鉴作用。

C 级：

（1）在同行业和区域内影响力一般，营业收入或资产总额在本地区处在中间位置；

（2）有一定的财政贡献和解决就业的能力，是相关产业供货商或用户。

D 级：

在同行业或区域内影响力较弱，对相关产业发展作用不大，财政贡献较差。

E 级：

在同行业和区域内没有影响力，经营处于负增长，企业发展困难重重。

（七）企业经营发展战略

A 级：

（1）具有合理科学的近期、中期和长期发展规划，经营目标明确；

（2）制定的筹资、投资、运营、开拓市场等各种经营策略符合实际，有利于企业效益的提高和长期、持续的发展。

B 级：

（1）具有比较合理科学的近期、中期和长期发展规划，经营目标比较明确；

（2）制定的投（筹）资、运营、开拓市场等各种经营策略比较符合实际，能够促使企业效益的提高和持续发展。

C 级：

（1）有比较明确且符合实际的规划和目标；

（2）运营及投资、融资等各种经营策略的制定基本正确、有效，能够保证企业获取利润和持续运转。

D 级：

企业发展目标和方向不清晰或不太切合实际，但现有的经营策略基本上能够使企业维持下去。

E 级：

企业没有明确的发展方向和目标，各种经营策略的制定盲目、被动，无助于企业的发展。

（八）长期发展能力预测

A 级：

根据上述各项指标综合评估情况的分析，如不发生意外，企业未来三年的发展潜力很大，势头强劲，处于上升状态。

　　B 级：

　　根据上述各项指标综合评估情况的分析，如不发生意外，企业在未来三年的发展有比较坚实的基础和潜力，呈逐渐上升势头。

　　C 级：

　　根据上述各项指标综合评估情况的分析，如不发生意外，企业在未来三年的发展有一定基础，比较有希望。

　　D 级：

　　根据上述各项指标综合评估情况的分析，企业未来发展前景不太明确，难以预测发展前景。

　　E 级：

　　根据上述各项指标综合评估情况的分析，企业困难重重，发展前景暗淡。

第三节　┃　配送中心绩效评估的主要方法

　　绩效评估的方法有很多种，各种方法都有它的适用范围及优缺点，以下几种方法可供配送中心在评估中使用。

一　排列法

　　排列法也称为排队法。它是指在配送中心绩效评估中，通过将被评估对象按照预设的绩效标准进行比较，并依据表现优劣进行排序的一种评估方法。这种方法是以评估对象的综合绩效为基础，按其总体效益和业绩进行排列比较，评出最好、次好、中等、较差和最差。这种方法比较简便，常被广泛采用。

二　等级法

　　等级评估法首先要明确配送中心的评估目标及其影响因素，然后针对每个评估项目制定出具体的评估标准及要求，并为每一项设定评分等级数，通常分为五个等级，其中最优的为 5 分，次之为 4 分，依次类推。最后将各项得分进行汇总，总评分越高，表示工作绩效就越好。

三 因素比较法

因素比较法也称要素比较法，是一种将评估对象分解为若干要素或项目的评估方法。在此方法中，每个要素的评分被进一步细分为若干等级，通常分为三个等级或五个等级，三个等级为好、中、差，五个等级为优秀、良好、一般、较差、最差。运用因素比较法时，评委们基于对被评估者的深入了解，选择一个最符合评估对象实际情况的等级。

练习与思考

1. 配送中心绩效评估的原则有哪些？
2. 简述配送中心绩效评估体系的实施步骤。
3. 配送中心绩效评估指标内容有哪些？
4. 配送中心绩效评估的主要方法有哪些？

章末案例

某配送中心确定招标采购考核指标权重案例评析

一、设定评标考核指标体系

在招标采购的评标过程中，很重要一点就是要设定评标考核指标体系。某连锁超市配送中心在招标采购的评标考核中主要设定了以下评标考核指标体系：价格优惠比率、毛利率水平、经济实力与履约能力、质量、服务承诺及保证措施等。

二、各指标权重的确定的具体内容

评标考核指标体系中各个指标权重的确定对评标具有牵一发而动全身的作用。某一指标权重的高低势必会影响另一指标权重的分量，从而将直接影响其在总分中的份额乃至评标的公正合理程度。因此，在对办公用品招标评标过程中，应十分注重指标体系中各个指标权重的配置，具体表现为：

1. 价格优惠比率为30分

价格优惠比率在办公用品中占有重要的地位，因而该指标在整个办公用品考评指标体系中应占有重要的份额，我们确定为30分。评标时，以标底为基数，报价等于基数时得20分，每高于一个百分点加2分，最高不超过30分。

2. 毛利率水平为30分

毛利率水平的高低可直接反映企业的经营管理水平，避免恶意报价与"价格优惠比率"，指标可全面、真实地反映评标水平。因此，其权重占30分。评标时，以毛利率平均水平为基数，报价等于平均水平的20分，每低于一个百分点加2分，每高于一个百分点减2分，最高不超过30分。

3. 企业经济实力与履约能力为 30 分

该指标能反映投标单位的基本概貌。该指标涉及方方面面，是一个综合指标，其权重也确定为 30 分。评标时，主要从以下几方面进行：

（1）近两年获市级纳税先进单位或者市财政局颁发的财务管理先进单位得 3 分，区一级的得 1 分；

（2）经市政府采购办公室核定，财务核算规范的得 6 分，较好的得 4 分，一般的是 2 分，较差的不得分；

（3）经营场地稳定，经营网点交通便利的得 3 分，比较便利的得 2 分，其他得 1 分；

（4）供货来源稳定、充足，供货商属于大中型企业或上市公司的得 3 分，比较稳定的得 2 分，一般的得 1 分；

（5）企业中层管理人员、中级以上职称，技术结构合理的得 4 分，较合理的得 3 分，一般的得 1~2 分；

（6）依据企业基本情况表，对企业资产、负债、收入、利润、所有者权益情况进行全面评价，此项目最高得 5 分；

（7）企业具备招标项目专营权的（市级以上文件）得 6 分，否则不得分。

4. 质量承诺及具体质量保证措施为 5 分

此项评分依据是：投标单位作出的质量承诺和具体质量保证措施，以及投标书中关于质量方面的其他资料，由评委对所有有效投标文件作出评价后分三档计分。一档企业可得 5 分，二档企业得 3 分，三档企业得 1 分。

5. 服务承诺及具体服务保证措施为 5 分

此项评分依据为投标单位作出服务承诺、提出的服务项目及具体服务保证措施，以及投标资料中有关服务方面的其他资料，由评委对其全面性、可行性做出综合评价后，将所有的有效投标文件分三档计分。一档可得 5 分，二档得 3 分，三档得 1 分。

三、实施的效果

经过实践证明，这些指标在评标过程中发挥了积极作用，确实起到了"中心枢纽"作用。

（资料来源：办公用品评标细则 [EB/OL]. (2007-09-06) [2024-10-01]. https://www.docin.com/p-558605402.html.）

第七章

产业配送管理

➤ **学习目标**

通过本章的学习，掌握农业配送的概念、特性和分类，了解农业供应配送与销售配送管理、农产品配送管理；熟悉制造业配送的概念、特征及在供应链中制造业配送的相关知识；学习快递业配送的基本知识；明晰连锁企业的相关知识；了解电子商务的配送特点、发展趋势，知悉电子商务配送的模式。

第一节 │ 农业配送管理

一 农业配送的概念

农业配送是指在与农业相关的经济区域范围内，根据客户要求，对农业生产资料及农产品进行分拣、加工、包装、分割、组配等作业，并按时运送至指定地点的农业物流活动。

二　农业配送的特性

（一）环境对农业配送的制约性

农业配送受到环境因素的制约：一是农业物流能力（包括物流管理、物流基础设施等）对农业配送的规模和经营业绩产生了影响；二是农业配送也受到国家物流政策、宏观物流环境、行业标准和农产品的标准化等因素的影响。

（二）农业配送主体的特殊性

农业配送主体是指从事农业配送活动的组织或个人，主要包括农业生产者、农业配送企业和农业流通中介组织等。农业配送主体的特殊性主要体现在其运作模式的多样性和复杂性上。由于农业生产具有季节性、地域性和分散性等特点，农业配送主体需要针对不同的农产品类型、市场需求和客户群体，采取不同的配送模式。

此外，农业配送主体还需要考虑农产品的质量、保鲜期、运输成本等因素，选择合适的运输方式、包装材料和配送路线等。同时，由于农业生产具有分散性和不确定性等特点，农业配送主体需要具备较高的组织协调能力和风险控制能力，以应对可能出现的各种问题。

（三）农业配送客体及工具的多样性

农产品的配送客体包括农副产品及其相关产成品、中间产品、包装物、辅料等。用于农业配送的交通工具有火车、飞机、马车、货车等，个人也可以从事农业配送。多样化的农业配送客体和运输工具使得农业配送主体之间的联结方式变得多样和复杂，从而使得农业配送方式整体上也更加复杂、多样化。

（四）农业配送路径的复杂性

农业配送路径的复杂性主要缘于农业生产的分散性、农产品消费的普遍性。物流过程可描述为：以农业投入物流工厂或工业城镇为起点，经由各种运输方式到达农村，直到千家万户，呈强发散性；经过农业生产、收获等环节后，农产品由少聚多，由支线向干线汇聚到制造厂或分销商，呈强收敛性；经过加工或流通加工后，向分销商、零售商扩散，呈中度发散性；最后从各零售网点扩散至千家万户消费者，呈发散性。其物流路径的特征模式表现为：强发散性 + 强收敛性 + 中度发散性 + 发散性。

（五）农业配送需求的不确定性

农业配送需求的不确定性是指由于多种因素的影响，农业配送服务中对于农产品数量、种类、质量和时间等方面的需求无法准确预测或提前确定。这种不确定性可能来源于自然环境的变化、市场需求的波动、供应链的不稳定、政策调整以及信息的不对称等多种因素。因此，农业配送服务提供商需要灵活应对这些不确定性，通过优化配送计划、提高物流效率、加强与生产者和消费者的沟通等，来降低不确定性对配送服务的影响，确保农产品能够准时、准确地送达消费者手中。

三 农业配送的分类

（一）按物流的不同阶段分

1. 农业供应配送

农业供应配送是指为保证农业生产不中断、保持农村经济持续发展而配送必要的生活必需品和生产资料。农业供应配送既是农业生产的动力，又是农业生产的物质保障和先决条件。

2. 农业生产配送

农业生产配送是指在整个农业生产过程中，从农作物耕种、田间管理到农作物收获的整个环节内，对各种劳动要素进行回收、操作和配置所形成的一种配送活动。农业生产配送是农业生产工序间、农业生产过程中的物质运动，具有微观物流的特点。

3. 农业销售配送

农业销售配送是指由农产品的销售、加工行为而产生的一系列物流活动，它涵盖了农产品的保鲜、运输、储存、初深精加工、销售等作业环节。

（二）按配送客体分

1. 农业生产资料配送

农业生产资料配送指的是对农业机具、农业生产消费的燃料及原材料、种子、农药、化肥、地膜等配送客体进行分拣、组配、加工、分割、包装等作业，在承诺时限内送达指定地点的农业物流活动。

2. 农产品配送

农产品配送是指对水果、肉类、粮食等农产品配送客体进行分拣、储存、配货、备货、配装、送货、分放等作业，且在承诺时限内送达指定地点的农业物流活动。

四 农业供应与销售配送管理

（一）农业供应配送的客体、方向和组织

农业供应配送指的是为了满足农业生产过程中所需的生产资料和生活资料的供应需

求，而进行的一系列物流活动。

1. 农业供应配送的客体

农业供应配送的客体是指农业机械、农业生产（包括乡镇企业）所需的原料、燃料、润滑油、农药、种子、地膜、化肥等农用生产资料。

2. 农业供应配送的方向

农业供应配送的主要方向是从城市流向广大的农村消费市场。它的配送过程通常是通过干线运输到支线运输来实现，从一级批发市场逐渐向二级市场和三级市场转移。

3. 农业供应配送的组织

农业供应配送的环节涉及从农场到餐桌的整个物流过程，包括农产品的收获、加工、储存、运输和分销。在这个过程中，农产品从田间被收集起来，经过必要的加工和包装，然后储存于仓库中，等待运输。运输环节将农产品从仓库运送到零售商或直接到消费者手中，确保产品在整个供应链中保持新鲜和质量。分销环节涉及将农产品分配到各个销售点，以满足市场需求。

（二）农业销售配送的客体、方向和组织

1. 农业销售配送的客体

农业销售配送的客体一般是指各类农产品，包含棉、粮、丝、油（料）、麻、茶、烟（叶）、瓜（果）等和一些城郊菜篮子工程的养殖业和种植业产品，如蔬菜、肉、奶、蛋等。

2. 农业销售配送的方向

农业销售配送的方向主要是将农产品从农村地区高效地运往城市及周边市场，通过完善的物流网络和销售渠道，将新鲜的农产品快速送达消费者手中。

3. 农业销售配送的组织

农业销售配送的组织是涉及农产品从生产地到消费地、从生产者到消费者转移过程中，负责农产品销售配送的各类组织。

（三）农业供应配送和销售配送进行的协同管理

1. 配送管理的系统化

配送管理的系统化是指将农业供应配送和农业销售配送各个子系统有机地结合起来，按照系统学的原则，对系统进行管理、组织实施和总体设计，使系统效能利用最大化，促进物流系统的协调管理。

2. 配送时间的协调化

协调配送时间是指根据农业销售配送与农业供应配送的季节差异，进行合理的规划，以达到最优的合作，减少空载，从而极大地提高配送效率。

3. 配送环节的标准化

配送环节的标准化是指按照统一的国家标准和国际标准，对农业供应配送的送货、配装、分放、配货、分拣、储存、备货等各方面进行规范。对于托盘、集装箱、车辆、包装、条形码、货架、装卸机具等按国际标准执行，同时为推进配送环节的标准化不断改良配送技术。

五 农产品配送管理

（一）农产品配送管理概述

1. 农产品配送的特点

（1）物流量大、配送目标种类多样。农产品种类繁多，包括生鲜蔬菜、水果、肉类、水产品等，每种产品都有其独特的配送需求。同时，由于中国人口众多，对农产品的需求量大，因此农产品配送的物流量也相对较大。

（2）配送的区域性。生鲜农产品易腐烂，对产品新鲜度要求极高。尽管采取了一定的冷冻防范措施，但仍会造成部分产品损耗。损耗的总体水平与运输时长和间隔密切相关，这在一定程度上限制了农产品的商品流转半径，使其不适合长期在跨度非常大的地域间进行配送。

（3）损耗大、对食品卫生安全要求严格。农产品的易腐烂性导致其在配送和物流仓储过程中损耗较大。因此，对食品卫生安全的控制显得尤为重要，以确保农产品的质量和安全。

（4）时效性要求高。农产品，尤其是生鲜产品，对配送时效性要求极高。及时配送能够确保产品的新鲜度和质量，满足消费者需求。

（5）配送的特殊性。不同农产品对温度、湿度、光照等环境条件有不同的要求。这要求配送过程中采用特殊的设备和处理手段，以确保农产品的新鲜度和质量。

（6）冷链配送需求。生鲜农产品需要在整个物流过程中保持适宜的温度，以防止腐烂、变质或丧失营养价值。因此，农产品配送通常依赖于冷链设备和技术，如冷藏车辆、冷库和冷链包装材料，以及温度监控传感器和物联网技术的应用，来确保产品在运输和储存过程中的温度稳定。

（7）数据化管理趋势。随着物联网技术的普及和物流信息化的完善，农产品配送市场逐渐采用数据化管理。通过物流信息系统，可以实时监控和管理配送环节，提高配送效率，追溯产品来源，确保产品的安全性和可靠性。

2. 农产品配送管理的范围

农产品配送管理范围相当广泛，涵盖了从农产品采购到最终送达消费者手中的整个流程。以下是农产品配送管理的主要范围：

（1）采购管理。这包括选择优质的农产品供应商，与供应商建立稳定的合作关系，以及确保农产品的品种、数量和质量符合市场需求和消费者的期望。

（2）仓储与库存管理。农产品配送需要妥善管理仓库，确保农产品在存储过程中保持新鲜、安全，并防止损耗。同时，要合理控制库存量，避免农产品积压或短缺。

（3）运输与配送管理。这涉及选择合适的运输方式、规划运输路线、调度运输工具，确保农产品能够准时、安全地送达目的地。农产品的新鲜度和安全性在运输过程中需要得到严格保障。

（4）质量控制与食品安全管理。农产品配送管理需要对农产品进行质量检验，确保其符合相关标准和规定。同时，要关注食品安全问题，采取必要的措施防止农产品受到污染或变质。

（5）信息管理。农产品配送管理需要借助现代信息技术，如物联网、大数据等，对农产品流通信息进行实时采集、传输和处理。这有助于企业更好地掌握农产品流通情况，提高配送效率和服务质量。

（6）客户关系管理。农产品配送企业需要与客户保持良好的沟通与合作，了解客户的需求和反馈，提供个性化的配送服务，增强客户满意度和忠诚度。

（7）风险管理。农产品配送过程中可能面临各种风险，如自然灾害、交通事故等。农产品配送管理需要建立完善的风险预警和应对机制，确保农产品配送的稳定性和安全性。

（二）粮食配送管理

1. 粮食配送的特点

（1）大宗性与季节性。粮食作为大宗商品，其配送量通常较大，需要大型运输设备和仓储设施来满足需求。同时，粮食的生产和消费具有明显的季节性特点，这也使得粮食配送工作需要根据季节变化来调整和优化。

（2）保鲜性与安全性要求高。粮食在储存和运输过程中，容易受到潮湿、发霉、虫害等因素的影响，因此需要采取相应的保鲜措施，如控制温度、湿度等，以确保粮食的品质。此外，粮食是人类的重要生活物资，配送过程中需要保证安全，防止损失和污染，确保粮食的安全性和卫生性。

（3）运输距离长与成本高。粮食的生产和消费地点通常相距较远，需要进行长距离的运输。这增加了运输的复杂性和成本，包括燃料费、人工费、设备折旧等。因此，在粮食配送过程中，需要合理规划运输路线，提高运输效率，降低运输成本。

2. 粮食配送管理的范围

粮食配送管理的范围相当广泛，涵盖了从粮食采购、储存、加工、运输到销售的整个供应链过程。以下是一些主要的管理范围。

（1）粮食采购管理。这包括与供应商的合作与谈判，确保粮食的来源可靠、质量上乘，确保符合相关的法律法规和政策要求。采购人员需要具备一定的专业知识和技能，以评估粮食的质量和安全性。

（2）粮食储存与库存管理。粮食的储存是配送管理中的重要环节。这包括选择合适的仓库、建立有效的库存管理制度，确保粮食在储存过程中保持其品质和安全。同时，还需要进行定期的库存盘点和检查，以及及时处理过期或变质的粮食。

（3）粮食加工与包装。对于需要加工的粮食，如面粉、大米等，配送管理需要确保加工过程的卫生和安全，以及包装材料的合规性。加工后的粮食产品需要符合相关的质量标准，以确保消费者的健康和安全。

（4）粮食运输与配送。粮食的运输和配送是确保粮食及时、安全送达客户手中的关键环节。这包括选择合适的运输方式、制定有效的配送路线、确保粮食在运输过程中的温度和湿度控制等。此外，还需要遵守相关的交通规则和法律法规，以确保运输的安全和合法。

（5）质量控制与食品安全管理。粮食配送管理需要建立严格的质量控制体系，对粮食及其加工产品进行定期的质量检测和评估。同时，还需要遵守食品安全法规，确保粮食产品在整个供应链过程中不受到污染或变质。

（6）信息化与追溯管理。利用信息技术手段，如建立粮食追溯系统，记录粮食从生产到销售的每一个环节信息，实现来源可查、去向可追、责任可究。这有助于强化全过程质量安全管理与风险控制，提高管理效率和透明度。

（7）客户服务与关系管理。关注客户需求和反馈，提供优质的客户服务，包括处理客户订单、解答疑问、处理投诉等。同时，还需要与客户建立良好的合作关系，确保粮食配送的顺利进行。

（三）畜产品配送管理

1. 畜产品配送的特点

（1）时效性要求高。畜产品，如肉类、乳制品等，往往具有较短的保质期，对配送的时效性要求极高。为确保畜产品的新鲜度和品质，配送过程中需要采取快速、高效的运输方式，减少产品在途时间。

（2）温控条件严格。畜产品通常需要特定的温度条件进行储存和运输，以保持其品质。例如，冷藏肉类需要在低温环境下保存，而乳制品则需要在恒温条件下运输。因此，畜产品配送需要具备完善的温控设备和设施，确保产品在运输过程中的温度稳定。

（3）质量安全监管严格。畜产品的质量安全直接关系到消费者的健康和生命安全，因此畜产品配送过程需要严格的监管。配送企业需要严格遵守国家相关法规和标准，确保畜产品的来源合法、质量可靠，并对配送过程进行全程监控和记录。

（4）配送网络复杂。畜产品配送往往需要覆盖广泛的区域，包括城市、乡村等不同地方。为了满足不同地区的消费者需求，配送企业需要建立完善的配送网络，包括仓储、运输、销售等多个环节，确保畜产品能够及时、准确地送达目的地。

（5）信息化程度高。随着信息技术的不断发展，畜产品配送逐渐实现了信息化、智能化管理。利用物联网、大数据等技术手段，可以对畜产品的流通信息进行实时采集、传输和处理，提高配送效率和精准度，降低运营成本。

2. 畜产品配送管理的范围

畜产品配送管理的范围涵盖了多个关键环节，以确保畜产品从生产到消费者手中的整个过程高效、安全和可控。以下是畜产品配送管理的主要范围：

（1）采购与供应链管理。畜产品配送的首要任务是确保供应稳定，因此采购与供应链管理是核心环节。这包括与供应商建立长期合作关系，确保畜产品的质量和数量满足需求，同时优化供应链流程，降低成本。

（2）仓储与库存管理。畜产品需要在适当的温度和湿度条件下储存，以保持其品质和延长保质期。仓储与库存管理涉及畜产品的入库、存储、出库等环节，需要确保库存数量准确、产品新鲜，并防止损坏和丢失。

（3）运输与物流管理。畜产品的运输是配送管理的关键环节。这包括选择合适的运输工具、规划运输路线、确保运输过程中的温度控制等。同时，还需要考虑运输成本、时间和效率，以满足客户需求。

（4）配送规划与执行。根据客户需求和订单信息，制订畜产品的配送计划，包括配送时间、数量、路线等。配送人员需要按照计划准确、及时地送达产品，确保客户满意度。

（5）质量控制与食品安全管理。畜产品配送管理需要严格遵守国家和行业的质量标准，确保畜产品的质量和安全。这包括对畜产品进行质量检验、追溯来源、防止污染等措施，以确保消费者能够放心食用。

（6）信息管理与追溯系统。利用信息技术对畜产品的配送信息进行实时采集、处理和分析，提高整个配送过程的可视化和可控性。同时，建立追溯系统，确保畜产品的来源和流向可追溯，便于质量管理和风险控制。

（7）客户服务与关系管理。畜产品配送企业还需要关注客户需求和反馈，提供优质的客户服务。这包括处理客户订单、解答疑问、处理投诉等，以建立良好的客户关系，提高客户满意度和忠诚度。

（四）水果配送管理

1. 水果配送的特点

（1）时效性要求高。水果作为生鲜食品，其新鲜度和口感对于消费者来说至关重要。因此，水果配送需要确保在采摘后尽快送达消费者手中，以保持其最佳品质。这要求配送企业具备高效的物流系统和快速的配送能力。

（2）温控条件严格。不同的水果需要不同的储存条件，一些水果需要低温冷藏，而另一些可能需要常温或特定湿度环境。因此，水果配送过程中需要严格控制温度和湿度，以确保水果在运输和储存过程中保持新鲜。

（3）包装和陈列要求高。水果在配送过程中需要适当的包装，以防止破损和污染。同时，陈列方式也影响消费者的购买欲望，因此，配送企业需要考虑如何包装和陈列水果，以吸引消费者的注意。

（4）配送网络覆盖广。为了满足不同地区消费者的需求，水果配送企业需要建立完善的配送网络，覆盖城市、乡村等各个区域。这需要投入大量的人力和物力资源，以确保配送服务的及时性和准确性。

（5）注重售后服务。水果作为生鲜食品，其品质可能受到多种因素的影响。因此，配送企业需要提供优质的售后服务，及时处理消费者的问题和投诉，确保消费者的权益得到保障。

2. 水果配送管理的范围

水果配送管理的范围涵盖了多个方面，旨在确保水果在从采摘到消费者手中的整个过程中保持最佳品质和安全性。以下是水果配送管理的主要范围：

（1）采购管理。这是确保生鲜配送企业能够获得优质产品的关键。采购主管需要结合企业商城每日下单量和需求量精准备货采购，同时还需要进行供应商选择、采购流程制定、合同管理和价格协商等工作。此外，定期市场询价也是必要的，以有效监督并防止采购腐败，同时结合市场价进行合理定价。

（2）库存管理。库存管理是确保水果供应的连续性和高质量的重要环节。这包括库存监控、进货和出货记录、货物存储要求以及保质期管理。科学的库存管理可以确保库存充足、货物新鲜，并避免过期和损耗。

（3）运输与配送管理。水果配送需要选择高效的物流合作伙伴并优化路线规划，以减少运输时间并确保产品在最短的时间内送达消费者手中。同时，建立完善的温控体系和冷链物流系统也是必要的，以保证水果在整个配送过程中的温度稳定和新鲜。

（4）质量控制与食品安全管理。这涉及水果的质量检验、存储环境控制以及食品安全规定的遵循。例如，不同的水果需要在特定的温度和湿度环境中存放，因此需要定期检查和校准温度计以确保仓库的温度控制准确可靠。

（5）信息管理与追溯系统。利用信息技术对水果的配送信息进行实时采集、处理和分析，提高整个配送过程的可视化和可控性。同时，建立追溯系统可以确保水果的来源和流向可追溯，便于质量管理和风险控制。

（6）客户服务与关系管理。关注客户需求和反馈，提供优质的客户服务，包括处理客户订单、解答疑问、处理投诉等，以建立良好的客户关系并提升客户满意度。

第二节　｜　制造业配送管理

一　制造业配送的概念和特征

（一）制造业配送的概念

制造业配送是面向企业销售产品而进行的客户销售配送、内部各生产工序间的生产物流配送及向制造业企业直接供应生产所需零部件及原材料的供应商配送。

（二）制造业配送的特征

制造业配送的特征主要体现在以下几个方面：

（1）复杂性：制造业配送可能涉及多种不同的产品，每种产品可能有不同的存储、运输和处理要求。

（2）批量性：制造业往往需要配送大量原材料和产品，这可能要求特殊的运输工具和设备，如重型货车、专用拖车等。

（3）准时性：制造业配送需要精确的时间管理，以确保原材料及时到达生产线，成品及时送达客户。

（4）周期性：制造业配送可能受到季节性需求、生产周期或其他行业特定周期的影响。

（5）协同性：制造业配送需要与供应链上下游的各个环节紧密协同，包括供应商、生产商、分销商等。

（6）成本敏感性：由于制造业通常面临激烈的竞争和较小的利润率，配送成本的有效控制至关重要。

（7）安全性：制造业产品可能包括易损、易燃、易爆或有害物品，配送过程中需要特殊的安全措施。

（8）灵活性：制造业配送需要能够快速响应市场变化和紧急订单，这可能要求灵活的配送策略和备用方案。

（9）信息化：现代制造业配送越来越依赖于信息技术，如 GPS 追踪、实时库存管理、电子数据交换等。

（10）全球化：随着全球供应链的兴起，制造业配送可能涉及跨国运输和海关手续，需要遵守不同国家的法规和标准。

二 制造业配送流程

制造业配送流程与一般配送流程相似，但由于其与制造业生产紧密相关，因此在运作上表现出一些独特的特点。这些特点主要体现在与企业的生产计划等信息系统联系密切，要求货物（如工厂零部件）能够快速通过配送流程。因此，越库作业在制造业配送中较为常见，相对库存量也较少。为了满足这些要求，制造业配送通常需要较大的直通式理货区，以便进行快速作业。如图 7 - 1 所示。

从图中可以看出，客户需求是制造业配送的驱动力。在接到客户的需求信息后，销售配送中心查询库存，来确认配送中心是否有足够的库存来满足此次订货需求。若能满足，则下达配送计划，进行一系列配送中心作业，包括分拣、流通加工、送货、装卸等，货物交付到客户手中更加迅速；若不能满足，则进行组织生产，制订生产计划并下达给各个生产部门与生产配送中心。那些库存满足需求的零部件，则通过生产配送中心，进行一系列作业并发送给生产部门。

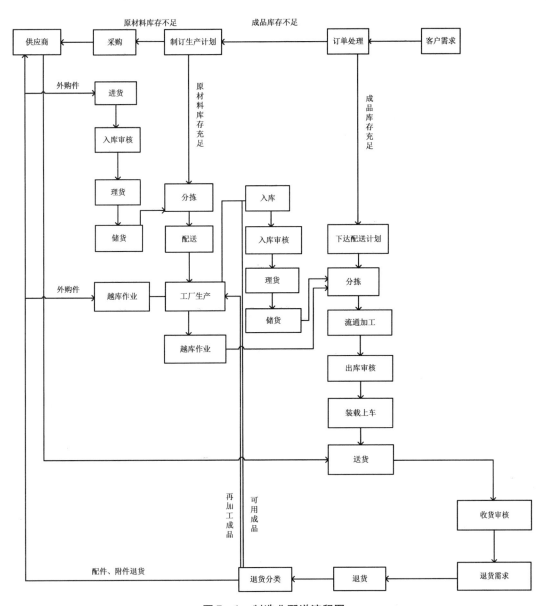

图 7 - 1 制造业配送流程图

三 供应链中的制造业配送

（一）供应链中制造业配送的地位

供应链中制造业配送的地位至关重要，它不仅是连接生产与销售、实现产品价值流转的关键环节，更是提升制造业竞争力、降低运营成本、优化资源配置的重要手段。通过高效、精准的制造业配送，企业能够确保产品及时送达客户手中，满足市场需求，同时实现库存的有效管理和供应链各方的协同合作，为企业的持续发展和市场扩张提供有力支持。

（二）供应链中的制造业配送管理

供应链中的制造业配送管理不仅对制造业企业自身的运作效率与库存水平有要求，而且还要求整个供应链上的库存水平实现高效运行并达到整体的最低库存水平。发展制造业配送的主要目的就是降低供应链上的库存水平，进而提高供应链的竞争力。

高效的供应链要求供应链上的各节点企业实行信息共享，这就要求制造业配送中心将其需求信息向上传递给供应商，同时将其配送信息向下传递给销售商，以便利用制造企业的集中库存及时响应客户需求。

（三）供应链中制造业配送的技术及方法

1. 供应商管理库存（VMI）

供应商管理库存（Vendor-Managed Inventory，VMI）是一种供应链库存管理策略，它运用电子数据交换（EDI）技术，使制造业企业和供应商能够实时共享生产计划、库存状态和销售数据等信息。通过这种方式，供应商可以根据需求情况来决定以什么方式、什么时间运送货物，以实现库存的最优化管理。VMI旨在提高供应链的响应速度、降低库存成本，并增强供应链的整体竞争力。

2. 有效客户响应（ECR）

有效客户响应（见图7-2）是指供应商和客户为消除系统中不必要的成本和费用，给双方带来更大经济效益而进行密切合作的一种方法。ECR的实现依赖整合的EDI技术、直通式配送（Flow-through Distribution）、计算机辅助订货和连续补货，这种补货方式基于时间，关注存货的周转率与可见性，从而有更好的客户服务和更低的成本。

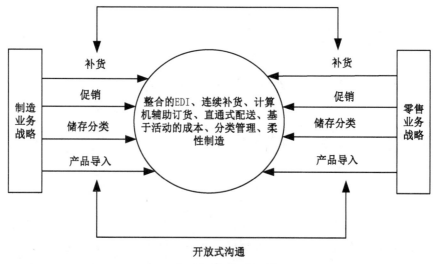

图7-2 有效客户响应

3. 协同规划、预测和补给（CPFR）

CPFR（Collaborative Planning, Forecasting and Replenishment）是一种供应链管理策略，它通过协同计划、预测和补货来提高供应链的效率和响应速度。CPFR 的核心思想是促进供应链各环节之间的紧密合作，共享信息和资源，从而更好地满足市场需求，减少库存成本，提高客户满意度。如图 7-3 所示，CPFR 的实施依赖供应链各方之间的信任和透明度，以及信息技术的强有力支撑。通过采用 CPFR，企业可以更好地协调供应链活动，提高资源利用率，降低运营成本，最终实现供应链的整体优化。

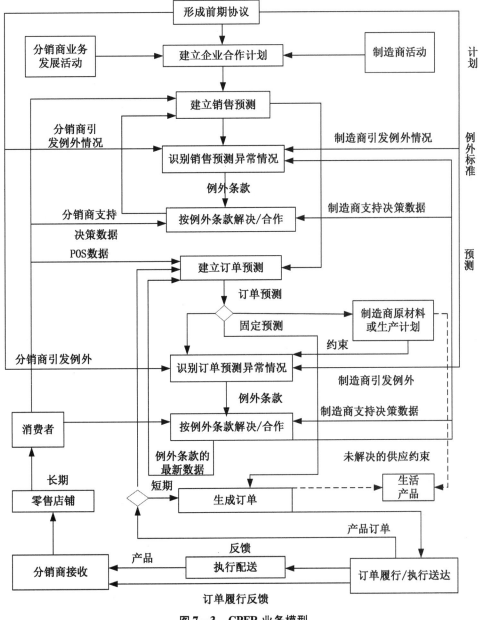

图 7-3 CPFR 业务模型

第三节 | 快递业配送管理

一 快递业配送的含义与分类

（一）快递业配送的含义

快递业配送是在一定的区域范围、一定时限内，对快件进行分拣、收寄、封发、运输、投递等作业，快速送达客户指定地点的物流活动。

（二）快递业配送的分类

根据配送的地域范围，快递业配送可分为国际配送和国内配送两种。其中，国内配送又分为省际配送、省内异地配送、同城市配送；国际配送可分为港澳台快递配送、国际出境配送、国际进境配送等。

根据配送的客体性质，快递业配送可分为特殊快件配送、信件类快件配送与物品类快件配送。

根据配送的作业环节，快递业配送可分为内部处理环节、收寄环节、报关与报检环节、运输环节与投递环节。

根据配送的服务质量，快递业配送可分为标准快递服务、加急快递服务、特殊快递服务。

二 快递业配送的特点

（一）时效性

快递业配送的时效性指的是快递业的快件投递时间需要在快递服务组织约定承诺的时限内。

一般情况下，快件的单件体积小、重量轻、价值低，便于人工进行配送作业。但缺点在于快件的收寄及投递对象分散，导致配送作业时间难以确定，因此很难对每件快件的送达时间作出保证。对于单件价值较高的快件，包括试验用器材、计算机芯片、通信器材、高档化妆品与高档服装等，寄件人或收件人为了减少自己的资金占用，往往会采用小批量、多批次的快递业配送模式，但这同样令快递企业难以保证每件快件的送达时间。

（二）准确性

快递业配送的准确性是指建立完善的订单管理系统，确保订单信息准确无误，并且在配送过程中进行严格的质量控制，以避免出现差错。

不同于金属制品、机械设备等大型货物的配送，快递业配送对准确性的要求极高。大型货物的配送，通常是"企业对企业"的单向服务，由于收货地址和收货人数量有限，配送时间和线路也相对固定，因此准确性相对容易保证。然而，快递业配送面临的用户群体广泛，包括所有企事业单位和社会大众，不仅需要提供"送件到门"的服务，还需满足"上门取件"的集货需求。由于用户空间分布广泛，时间要求不确定，这无疑增加了保证每件货物投递准确性的难度。

（三）安全性

快递业配送的安全性指的是快递服务组织通过完备的安全保障机制，来确保用户信息安全和寄递安全。

《邮政行业安全监督管理办法》表明，为了确保快递业配送的信息安全，快递企业应要求用户如实填写，包括收件人姓名和地址、寄件人姓名、寄递物品的数量、类别、名称等，同时核对收件人及寄件人信息，清晰准确地注明快件的资费和重量。同时为了确保快递业配送的寄递安全和用户信息安全，快递企业应当建立完整的安全生产责任制，落实安全生产信息报告、安全生产检查与事故隐患排查、安全生产教育培训、安全生产保障等制度。

（四）方便性

快递业配送的方便性指的是快递服务组织应在安排营业时间、设置服务场所及投诉处理、查询、投递、收寄等环节，方便用户，服务于用户。

三　快递业配送的基本业务流程

根据《快递服务》（YZ/T 0128—2007）可知，快递业务的服务环节有投递、运输、封发、分拣、收寄，以及赔偿、投诉和查询等。快件处理场所指的是快递服务组织专门用来快件分拣、封发、交换、转运、投递处理活动的场所。

例如，图7-4描述了顺丰速运配送的基本业务流程。由图7-4可知，快递业的配送环节对外连接着寄件人和取件人，对内则与转运中心紧密相连。这一环节不仅是快递企业吸引用户和招揽业务的窗口，也是用户接受快递服务全过程的终端。

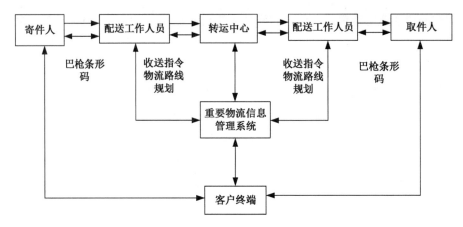

图7-4 快递业配送基本业务流程图

四 我国快递业配送未来发展趋势

（一）业务量持续增长与市场扩大

随着电子商务的迅猛发展和消费者在线购物习惯的形成，快递业务量预计将持续增长。同时，随着农村和中西部地区互联网和电子商务的普及，快递服务的需求将进一步扩大，尤其是在向下、向西的寄递服务需求方面。

（二）服务质量与效率的提升

面对激烈的市场竞争和消费者对快递服务日益提高的期望，快递企业需要不断提高服务质量，减少物品损坏、丢失和投递延误等问题。通过优化配送流程、引入先进技术和应用智能化手段，快递企业可以提高配送效率，提升客户满意度。

（三）数字化转型与智能化升级

随着物联网、大数据、人工智能等技术的快速发展，快递业将加速数字化转型和智能化升级。智能快递柜、无人配送车、无人机等智能设备将逐步普及，提高快递服务的效率和质量。同时，大数据和人工智能等技术也将被广泛应用于快递业，为快递企业提供更加精准的决策支持。

（四）绿色环保与可持续发展

面对日益严峻的环境问题，快递业将更加注重绿色环保和可持续发展。快递企业将积极采用环保包装材料，减少包装废弃物的产生；优化运输方式，降低碳排放；推动废旧物品的回收和再利用，实现资源的循环利用。

（五）国际化发展与合作

随着全球化的加速和跨境电商的兴起，快递企业将积极拓展国际市场，加强与国际快递企业的合作。通过建设海外仓储、开通国际航线、提高跨境物流服务能力和水平，快递企业可以更好地满足全球消费者的需求，推动跨境电商的发展。

五　快递业配送管理

（一）收寄作业流程

1. 上门收寄作业

上门收寄指的是收派员从客户处收取快件的整个作业过程，可分为接单、上门取件、验视、封装、称重与计费、填写快递运单、收件并录入收寄信息等主要作业环节，如图7-5所示。

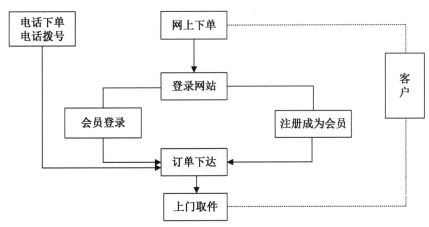

图7-5　快递业配送的上门收寄作业示意图

（1）接单环节。接单环节是开启快递配送服务的关键，对于客户姓名、取件地址、联系方式、快递种类、快件品名、快件目的地等相关信息需要详细记录，同时约定好上门取件时间。

（2）上门取件环节。此环节是快递企业与客户直接见面的环节，要求收发人员统一着装，如衣服上有组织标志，佩戴胸卡或工作证；送货人员必须携带快递单、计量器具和包裹用品。

（3）验视环节。在此环节，快递员会要求寄件人如实告知包裹内物品的类型和性质。在这个过程中，快递员会仔细核对寄件人所填写的货单内容与实际物品是否一致，并且会检查这些物品是否符合国家寄出的规定。如果发现任何不一致或违规情况，快递员会向寄件人说明原因，并有权拒绝接受该包裹。

（4）封装环节。快递的包装可分为寄货者自己包装和送货人包装，均采用按行业标准及国家标准要求的包装材料；每一件的重量不得大于 50 千克；产品规格中任意边的长度不得大于 150 厘米，高、宽、长的总和不得大于 300 厘米。

（5）称重与计费环节。收货员应向寄件者收取服务费用，提供收费标准。收货员使用卷尺、秤等计量器具对快递的质量进行检测，并核实计费重量，同时对计费种类和服务质量等进行确认。确认后，寄件者必须支付费用。如果是到付业务，则应当寄件时予以确认。

（6）填写快递运单环节。此环节前，应向寄件人发出通知，请其仔细阅读送货单上的服务条款，并向其推荐有关贵重货物的保险或保价服务。按有关规定要求寄件人填写快件运输单。

（7）收件、录入收寄信息。收派员取走寄件人的快件，在快件收寄后，收派员应及时记录收寄信息上传网络。

2. 配送网点收寄作业

配送网点收寄指的是用户在快递企业配送网点进行委托快件服务，即快递企业于配送网点收寄快件的全作业过程，分为接单、验视、封装、称重与计费、填写快件运单、交接等主要作业环节。

如图 7-6，四川省邮政速递物流有限公司和红旗连锁超市进行战略合作，用户在附近的红旗连锁超市能够享受到与邮政速递营业点无异的收寄服务。

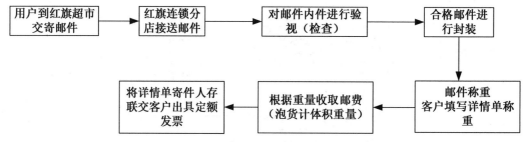

图 7-6 快递业配送的配送网点收寄作业示意图

（二）投递作业流程

投递作业指的是收派员投递快件的整个服务过程。此流程的质量直接决定快递企业配送服务整个过程的质量。投递作业一般分为按名址面交作业、用户自取作业、与用户协商作业三种。

1. 按名址面交作业

按名址面交指的是收派员根据用户指定的地址，与用户当面取得收件人的快件投递过程。若无法让收件人本人签收，可由其他经寄件人或收件人指定的人代收。

顺丰货到付款流程，如图 7-7 所示：

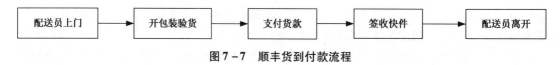

图 7-7 顺丰货到付款流程

顺丰货到付款签收流程，如图 7 – 8 所示：

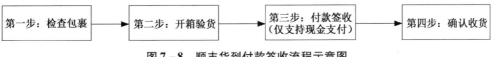

图 7 – 8　顺丰货到付款签收流程示意图

2. 用户自取作业

用户自取作业适合投递两次但依旧无法投出的快件。目前许多电商企业与社区便利店、洗衣店等合作设立自提网点就属于用户自取作业的范畴。用户自取作业相较于按名址面交作业，仅投递作业场所有区别，其他作业流程与运作管理要点基本相同。

3. 与用户协商作业

对于有特殊需求的用户，快递企业需要采用其他方式与用户协商并达成共识。为了确保快递能够安全、准确地送达收件人手中，快递员需要与收件人进行充分的沟通与协商。

第四节　批发零售业配送管理

一　批发零售业的配送特点

（一）批发企业的配送特点

（1）配送行为快速化。批发企业为了满足零售商多样化的进货需求，通常会扩大备货范围和幅度，确保商品的多样性。同时，随着便利店、连锁店等零售业态的发展，这些零售商往往要求多频少量、及时快速的配送。批发企业因此发展出快速响应的配送服务，以满足零售商的即时需求。

（2）物流系统现代化。为了应对多频度、少批量的配送要求，批发企业的物流系统需要实现现代化。这包括引入信息通信系统，采用计算机在库管理、自动分拣机、立体自动仓库、数码化备货机械及自动化作业手段等。这些技术的应用可以提高物流作业的效率，缩短配送时间，降低成本。

（3）物流机能细分化。随着商品消费的个性化和需求的多样化，批发企业的物流系统也需要进行机能细分化。这包括根据不同的销售对象和商品周转速度，进行灵活的配送安排。例如，对于需要快速周转的商品，可以采用 24 小时不间断的配送服务；对于特殊需求的商品，可以提供定制化的配送方案。这种细分化的物流机能可以更好地满足零售商的多样化需求。

（4）零售与配送协同化。批发企业不仅是商品的配送者，还是零售商的重要支持者。他们通过提供信息化、机械化、自动化、协调化、多样化的服务，帮助零售商提高运营效率。同时，批发企业还可以与零售商共享物流资源，实现共同配送，从而降低物流成本，提高配送效率。

（5）配送网络区域化。批发企业通常会在全国范围内划分多个片区，每个片区设立一个大的中央仓，并在片区下的多个省市设立区域仓。这种区域化的配送网络可以确保商品在各地的及时供应，同时降低运输成本。此外，批发企业还会根据零售商的分布情况和需求特点，灵活调整配送策略，以确保配送的及时性和准确性。

（二）零售企业的配送特点

（1）配送需求多样化。零售企业面对的客户群体广泛，商品种类繁多，因此配送需求也呈现出多样化的特点。为了满足不同客户的需求，零售企业需要提供定制化的配送方案，包括不同的配送时间、地点、方式等。

（2）配送效率高且要求精准。零售企业追求快速响应市场变化和客户需求，因此配送效率至关重要。通过优化配送路线、提高运输工具的装载率、减少中转环节等方式，零售企业可以实现高效配送。同时，由于零售商品往往涉及消费者的日常生活，因此配送的准确性也十分重要，以确保商品能够准确无误地送达客户手中。

（3）配送信息化水平高。随着信息技术的不断发展，零售企业配送过程中的信息化水平也在不断提高。通过应用物联网、大数据、人工智能等技术，零售企业可以实现订单处理、库存管理、货物跟踪等环节的自动化和智能化，提高配送效率和管理水平。

（4）配送服务要求优质。在竞争激烈的零售市场中，优质的配送服务往往成为吸引客户的关键因素之一。因此，零售企业不仅注重配送速度和准确性，还注重提升客户体验，例如提供送货上门、货到付款、退换货等便捷服务，以满足客户的多样化需求。

二 批发零售业配送作业流程

批发零售业配送作业流程可分为一般作业流程、中转型作业流程、加工型作业流程和批量转换型作业流程。

（一）一般作业流程

一般作业流程如图 7-9 所示。

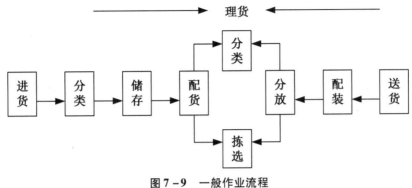

图7-9 一般作业流程

（二）中转型作业流程

中转型作业流程的主要功能是暂存货物。中转型配送中心内的场地主要用于配货和理货，没有单独的存储区域。由于货物批量和种类较多，这种作业流程需要有先进的信息管理技术作为支撑条件。

（三）加工型作业流程

加工型作业流程通常涉及客户对货物的加工作业要求。由于这类流程所涉及的货物批量大、种类少，在完成加工后可直接依据客户订单进行配货，无须对其分类存放。加工型作业流程如图7-10所示。

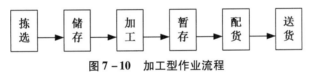

图7-10 加工型作业流程

（四）批量转换型作业流程

采用批量转换型作业流程进货的货物大多数量大且品种较为单一，在经过配送中心后就转换成小批量的货物。批量转换型作业流程如图7-11所示。

图7-11 批量转换型作业流程

三 连锁商业企业配送的特点及其发展趋势

（一）连锁商业企业配送的特点

（1）变价快：连锁商业企业经营的商品，尤其是快速消费品，其价格随着市场供需的变化会有较快的变动。同时，生产商或零售商的促销活动也会引起价格的频繁变动。

（2）订单频繁：由于连锁零售的店铺众多，订单频率高，且有时间要求。有些小型的便利店甚至要求一天送货两次，这对配送的时效性和准确性提出了较高的要求。

（3）拆零配送：供应商通常以大包装形式供货，而连锁商业企业需要根据各个店铺的订货量进行拆零、分拣，以满足不同店铺的需求。

（4）退货处理：配送中心需要处理各种退货问题，包括正品和残次品的退货，这需要建立完善的退货处理机制和流程。

（5）商品更换频繁：连锁商业企业需要不断引进新品，同时淘汰滞销品，这对配送中心的商品管理和库存控制提出了更高的要求。

（6）保质期管理：消费品通常有不同的保质期要求，配送中心需要进行有针对性的保质期管理，确保商品在有效期内销售完毕。

（二）连锁商业企业配送的发展趋势

1. 配送中心多功能化

随着电子商务的快速发展，物流行业也逐渐进入集约化阶段。连锁商业企业的配送中心将不仅提供仓储和运输服务，还将增加配货、配送等流通服务。此外，配送中心还将根据客户的个性化需求，提供定制化的服务。

2. 城乡一体化物流配送

城乡一体化是我国未来发展的重要趋势，连锁商业企业需要抓住这个机遇，通过改善城乡交通、建立物流中心等方式，实现城乡一体化的物流配送。这不仅可以打开封闭的乡村市场，还可以促进农副产品的流通，推动物流设施的完善和发展，使连锁物流朝着多元化方向发展。

3. 发展第三方物流配送

随着市场竞争的加剧，连锁商业企业越来越注重自身的核心业务，而将物流配送等辅助业务外包给专业的第三方物流公司。这不仅可以降低企业的运营成本，还可以提高物流配送的专业化水平，增强企业的市场竞争力。

4. 智慧物流

随着物联网、大数据、人工智能等技术的不断发展，智慧物流成为连锁商业企业物流发展的重要趋势。通过引入这些先进技术，企业可以实现对物流过程的实时监控和管理，提高物流配送的准确性和效率，降低物流成本，提升客户满意度。

5. 绿色物流

环保和可持续发展成为全球共识，连锁商业企业在物流发展中也需要注重环保和节能。通过采用环保的包装材料、优化配送路线、减少空驶率等方式，降低物流活动对环境的影响，实现绿色物流。

第五节 ｜ 电子商务配送管理

电子商务配送指的是物流配送企业采用数字化的电子信息技术和现代硬件配置、系统软件和先进的管理方法，针对客户的需求，严格地依照销售订单规定的产品进行筛选和分配，将货物按时、保质保量地从生产线处送达客户手中的活动及过程。

一 电子商务配送的特征及发展趋势

（一）电子商务配送的特征

1. 虚拟性

电子商务物流配送的虚拟性主要来源于网络的虚拟性。通过借助现代计算机技术，配送活动已由过去的实体空间拓展到了虚拟网络空间，实体作业节点可以虚拟信息节点的形式表现出来。实体配送活动的各项职能和功能可在计算机上进行仿真模拟。

2. 实时性

配送业务运营商与客户均可实时共享信息平台获取相应配送信息，从而最大限度地减少各方之间的信息不对称，有效地降低了配送活动过程中的运作不确定性与环节间的衔接不确定性。

3. 个性化

电子商务物流配送可以根据消费者的个性化需求进行配送，满足消费者的多样化需求。

4. 增值性

电子商务物流配送可以提供更多的增值服务，如代收货款、代货换货等，为消费者提供更多的便利。

（二）电子商务配送的发展趋势

1. 智能化配送

随着人工智能和大数据技术的发展，配送过程将变得更加智能化。智能配送系统可以根据实时数据分析消费者的购买习惯和配送需求，从而更精准地预测配送时间和路线，提高配送效率。

2. 绿色化配送

环保和可持续发展成为社会的重要议题，电子商务配送也将更加注重绿色化。例如，通过推广电动车辆、优化包装材料、减少不必要的运输环节等，可降低配送过程中的碳排放和对环境的影响。

3. 无人化配送

无人配送技术，如无人机、无人车等，正在逐步应用于电子商务配送中。这种技术可以减少人力成本，提高配送效率，并在一些特殊环境下实现快速配送。

4. 协同化配送

随着电子商务的快速发展，多家电商平台和物流公司开始寻求协同化配送的模式。通过共享资源、优化配送网络、提高车辆利用率等方式，可以降低成本、提高效率，同时提升服务质量。

5. 国际化配送

随着全球电子商务市场的不断扩大，国际化配送需求也在增加。电商平台和物流公司需要建立更完善的国际配送网络，提高跨国配送的效率和准确性。

二 电子商务的配送模式

目前我国现有的电子商务物流配送模式有以下几种：

（一）第三方配送模式

第三方物流（简称3PL）也称为"外包物流"或者"合同流"。第三方配送模式，即交易双方或供需双方将部分或全部配送业务委托给专业的第三方配送企业来完成的物流服务模式。这种模式通过整合多个企业或商家的配送需求，实现资源共享和成本分摊，从而提高物流效率、降低配送成本。其特点包括高效性、低成本性和个性化服务，能够根据用户需求提供快速、安全、准确的配送服务。此外，第三方配送服务商通常还提供完善的保险保障，以降低配送过程中可能发生的经济损失。随着电子商务和本地生活服务行业的持续发展，第三方配送模式已成为物流行业的重要发展方向。

（二）自建物流模式

电子商务下的自建物流模式是指电商企业自己建立并运营物流体系，包括仓储、运输、配送等环节，以实现对供应链的完全控制。这种模式通常被大型电商平台采用，以便更好地满足客户需求，提高服务质量和效率，降低物流成本。电商企业拥有自己的物流资产，如仓库、配送中心、运输车辆和物流设备，并自行管理和控制物流运营。这种模式允许企业根据自身特点和客户需求提供定制化的物流服务，实现成本控制和效率提升。同时，企业可以在物流技术上投入大量资源，如物流管理系统、仓库管理系统、运输跟踪系统等，以提高运营效率和透明度。

（三）物流联盟配送模式

物流联盟是指物流需求方或物流企业之间为了提高配送效率以及实现配送合理化，所建立的一种功能上互补的配送联合体。这种模式下，两个或两个以上的物流企业为实现共同的物流战略目标，在双方签订合作协议的基础之上开展联合配送，建立配送联合体或互用彼此配送资源的配送模式。

练习与思考

1. 农业配送如何定义？农业配送的特性有哪些？
2. 根据自己的理解，简要画出制造业配送流程图。
3. 快递业配送是如何进行分类的？
4. 简述快递业配送的基本业务流程。
5. 谈谈连锁企业配送的发展趋势。

章末案例

某零售业配送系统规划

本例为以干货类批发、物流服务业务为主的营销公司，该公司由传统批发商转型为物流营销公司，缺乏自有品牌商品及具有组织约束力的连锁渠道系统，因此向泛用型配送中心系统发展。由于公司现有经营仍属小规模经营，年营业额约 2 亿元，库位空间也不足，因此有意针对未来需求进行整体规划，以争取获取更多的销售渠道及扩大营业额。公司已经进行整体的规划分析及评估，现对其系统规划程序说明如下：

（1）经营决策的规划

a. 营销业务的开展：包括对大型客户的定制销售、传统零售店或区域经销商的直销经销业务及培养加盟经销商的业务。

b. 配送业务：包括自行经销货物部分的配送及服务上游供货商的委托代送业务。

c. 顾问服务：提供卖场咨询、商情分析、货物引进等信息情报服务。

d. 接单模式：应用增值网络系统及个人计算机接单，并配合业务员直接接单的方式进行。

e. 未来发展策略：目前以 A、B 地区经销业务为主，未来一年内发展 C 地区业务，未来三年内发展中部地区经销配送业务及全省性委托代送业务。

（2）物流决策的规划构想

a. 设定服务水准：交货准时/正确/态度佳，零售店/客户满意度，降低库存、降低配送费用等。

b. 设定物流指针：为达到上述水准目标，针对供应商、内部作业及客户等三个方面设立物流指针，如表所示：

对象	指标
对供应商的物流指针	1. 定时进货 2. 避免堵塞在门口 3. 库存量控制在 3 周以内 4. 定期盘盈亏作业 5. 处理好应付账款周转
对内部作业的物流指针	1. 库存控制量控制在 3 周以内 2. 盘盈亏正确率 95% 以上 3. 提高拣货效率 4. 装车时不点货，减少装货时间 5. 提高配送车辆周转率 6. 实施循环式盘点 7. 提高仓储空间的利用率 8. 保持先进先出 9. 提高配送车辆积载率
对客户的物流指针	1. 针对客户分级并设定配送频率（如 A 级客户 2 次/周、B 级客户 2 次/周） 2. 对客户定时送货 3. 客户库存周转率 3 个月 4. 减少缺货率 5. 紧急出货上限 24 小时内完成

（3）基础资料分析

完成订单、品项、数量及上下游点数分析、相关物流设备特性分析。

a. 进货资料分析

客户基本资料	
每月经常往来客户数	553 家
每天平均订货家数	70 家
平均每天订货品项数	18 项
每月客户最大订货品项数	224 项
单店最大订货品项数	247 项
平均单店每日订货金额	7405 元

（续表）

商品价值区间	50 ~ 6000 元
业务员接单周期	每周一次
接单范围	嘉南高屏地区
采购资料	
总供货商数	64 家
平均每天采购供货商数	9 家
平均每店订货品项数	18 项
每家供货商供应品项数	1 ~ 62 项
平均每家供货商供应品项数	6 项
采购前置时间	3 ~ 7 天
进货入库资料	
平均每天进货供应商数	10 家
平均每天进货品项数	49 项
库存总品项数	705 项
平均每天每个供货商进货品项数	6 项
平均每天进货箱数	2028 箱
进货基本单位	箱
进货入库时间	白天上班时间
入库展板规格	1100 × 1100 毫米
进货车辆规格	3.5 ~ 20 吨

b. 仓储配送作业分析

拣货作业资料	
每天出货订单家数	35 ~ 98 家
每天平均出货订单家数	70 家
平均每天拣货品项数	338 项
平均每天拣货材积数	1917 项
每月客户最大订货品项数	224 项
拣货使用单据	送货单
拣货使用设备	台车
拣货使用辅助容器	空纸箱
拆箱区品项数	480 项
整箱区品项数	120 项

（续表）

装车出货资料	
车辆数	3.5 吨 5 辆 7 吨 2 辆
车辆最大装载容积	3.5 吨 150 立方米 7 吨 300 立方米
平均装载率	85%
每车装载商家数	1～20 家
平均每车装载商家数	8 家
车内各店货品区隔方式	以签字笔标示顺序
装车搬运方式	以人工配合台车
配送出车资料	
每天平均出货家数	35～98 家
平均每车次行走公里数	84 公里
平均每店配送时间	32 分钟
配送卸货辅助工具	无

　　c. 其他物流配合作业

贴标分装作业资料	
每天指定分装作业家数	3～8 家
每天分装工作人数	5 人
每天需贴标作业家数	15 家
每天贴标工作人数	5 人
分装使用工具	手动热封机、塑料袋
客户退货资料	
每天退货家数	15～64 家
每天平均退货家数	33 家
平均每月退货金额	738 260 元
平均退货额占销货额%	6.8%

（4）作业规划

a. 订单处理：将原有业务以访客抄单方式，配合 Hand-held Terminal（手持终端）输入及 Modem（调制解调器）将订单信息传回公司，部分较具规模的客户点则配合导入 EOS 系统，以掌握订单实时处理效率，避免重复输入的错误。

b. 采购作业：将人工下单模式改为由计算机库存系统依库存与需求预测产生采购建议量表，并依 JIT 观念逐步调整库存水准。

c. 进货作业：为争取供货商指派代送业务，故需增强随机处理进货作业的能力，并协调定时分批进货，以平均进货尖峰作业的压力。

d. 拣货作业：区分整箱出货与零散出货，零散出货并配合导入流力架系统。以订单拣货为主，并于集货区集中，拣货单须考虑注明集货顺序并配合配送路线及下货顺序。

e. 补货作业：依据出货频率、作业时长及有无备货区，采用定时补货及人工巡补的作业方式，定时补货由计算机系统根据拣货单排程自动计算补货需求量，将整箱货品由整箱区移至补货备货区。再通过人工巡补的方式补充至零星拣货区。

f. 装车作业：依据路线、送货数、现场集货量产生路线材积统计表，再根据车辆大小配派车辆及司机。货品集货后以笼车为集中单位并直接上车、减少重复搬运的作业。

（5）设施布置规划

a. 规划限制条件：以使用现有设施为主，并配合一、二楼厂房空间及升降梯位置的限制。

b. 储区规划：储量大于 100 箱的货品，以整箱储放于栈板料架上，储量在 10～100 箱之间的货品同时包括整箱及零散出货，规划中型料架配合流力架设施。单品储量小于 10 箱的产品用轻型储架存放。

c. 储位规划：各储区内依周转率快慢以接近集货区为原则配置，并以同类货品或同厂商货为单位集中，以进货及拣货作业进行。部分相同产品不同口味的品项须共享储位，但须分别标示并以颜色辨别。

d. 容量规划：栈板储区 484 栈板单位，中型储架 1216 栈板约 60800 箱储位、轻型储架 56 栈板约 2800 箱储位，另有流力架 768 栈板约 3840 箱储位及流力架补货区 120 栈板约 6000 箱储位，合计有 103040 箱的储位空间。

e. 设施规划：规划建议使用的仓储、拣货与搬运设施。

（6）管理资源系统规划

配合作业流程进行需求分析，完成系统软硬件架构及功能的规划，数据流与窗体的规划分析。

（资料来源：王燕，蒋笑梅. 配送中心全程规划 [M]. 北京：机械工业出版社，2005.）

第八章

特殊商品配送管理

➤ **学习目标**

通过本章的学习，掌握各类危险品的特征；理解冷链配送管理过程中影响商品质量变化的因素；了解各种跨境商品配送模式，并能根据实际情况合理选择。

特殊商品是指由于自身性质、价值或重量等因素对其运输、装卸、保管具有特殊要求的商品。特殊商品运输应当严格执行运输部门的有关规定，做到单独包装、标志清晰、监控装卸。本章介绍几种特殊商品选择的配送模式、配送作业流程、配送作业风险等知识和技能。

第一节 ｜ 危险品配送管理

一 危险品及其特征

危险品是指以燃烧、爆炸、腐蚀、中毒、放射性等为主要特征的物品，并在运输、装卸、贮存过程中易造成人员伤亡及财产损失。国际海事组织颁布的《国际海运危险货物规则》根据危险货物的不同风险将危险货物分为 9 个大类, 20 个子项目, 其中 9 大类是: 爆炸品, 气体, 易燃液体, 易燃固体、易自燃物质、遇水释放易燃气体的物质, 氧化物和有机过氧化物, 有毒和感染性物质, 放射性材料, 腐蚀性物质, 杂类危险物质和物品。

以下着重阐述这 9 大类危险品的特征:

(一) 爆炸品

爆炸品指被《国际海运危险货物规则》归类为第 1 类的危险货物, 具体包括整体爆炸危险货物, 有抛射危险但没有整体爆炸危险货物, 有燃烧危险且局部爆炸或局部抛射危险之一或同时具有两种风险但不具有整体爆炸的危险货物, 具有较低整体爆炸危险以及不具有整体爆炸危险的不敏感货物。

爆炸品主要有以下特点:

1. 爆炸性

爆炸物质之所以具有爆炸性, 是由它的组成与特性所决定的。爆炸难易程度主要由物质自身敏感性决定, 通常敏感性越强的材料越易发生爆炸, 爆炸物在外界条件作用下易因受热、撞击、摩擦、接触明火或者酸碱性等因素发生爆炸。

2. 殉爆性

炸药爆炸时, 会使一定距离内的炸药同时起爆, 此现象叫作殉爆。导致殉爆发生的原因是冲击波的传播作用, 距离越近冲击波越强。

(二) 气体

本类危险物质是指那些在 50 ℃ 时蒸汽压大于或等于 300 千帕, 或者在标准大气压 (101.325 千帕) 和 20 ℃ 时完全处于气态的物质。气体按其特性可分为易燃气体、非易燃无毒气体、毒性气体三类。

为方便贮存、运输和使用, 一般都是将气体经高压压缩后充入钢瓶内。因各气体特性不同, 加压包装用于运输的部分有的为气体, 有的是液体。所有压缩气体处于高压之下都具有危险特性, 其中, 一些气体不仅易燃易爆, 还具有助燃和毒性, 一旦受热或受到冲击, 极易引发燃烧、爆炸或中毒等意外事故。

气体危险品具有如下几个主要特征:

1. 易燃性

易燃气体在常压下遇到明火时, 温度较高就会发生燃烧或爆炸, 在燃烧过程中其蒸汽对人、畜产生一定的刺激和毒害。

2. 爆炸性

非易燃无毒气体, 包括液化石油气、压缩天然气、氧气等, 虽然一般情况下不具有易燃性, 但在某些特定条件下仍有可能引发爆炸。

3. 毒性

一些毒性气体（例如液氯和催泪瓦斯）的毒性或者腐蚀性都对人的健康有害。

（三）易燃液体

该类危险品是指易燃的液体、液体混合物或含有固体物质的液体，但不包括因其危险特性而被列入其他类别的液体。

易燃液体危险品主要具有如下特征：

1. 高度易燃易爆性

易燃液体易燃性一般用闪点表示，闪点越低，其火灾危险性越大，易燃液体闪点一般不超过60℃。

2. 挥发性大

易燃液体大多分子量小，沸点相对低，容易挥发。

3. 流动性强

大部分易燃液体都是低黏度液体，一旦泄漏，就会快速地四处流动，增加了燃烧爆炸的危险。

（四）易燃固体、易自燃物质、遇水释放易燃气体的物质

易燃固体危险品是指燃点低，对热、撞击和摩擦敏感，易被外部火源引燃，燃烧迅速并可能会释放有毒烟雾或气体的固体，但不包括被列入爆炸品的物品。易自燃物质是指自燃点低，容易与空气发生氧化反应，释放热量并自燃的物质。遇水释放易燃气体的物质是指遇水或者潮湿时因发生严重化学反应释放出大量易燃气体及热量的物质，有些无明火也可能发生燃烧和爆炸。

易燃固体、易自燃物质、遇水释放易燃气体等危险品具有如下特征：

1. 须明火点燃

这类物品燃点虽然低，自燃点却很高，常温下不容易达到自燃点，故不会发生自燃现象。通常此类物品需要明火点燃才会继续燃烧。但个别品种（硝化棉、赛璐珞）在遇热分解过程中也可能发生自燃。

2. 高温条件下遇火星即燃

外界温度越高，越容易着火，当外界的温度达到这些物体的自燃点时就会自燃。

3. 粉尘有爆炸性

这类物体的粉尘暴露在空气中的表面积非常大，当在空气中达到一定的浓度时，一旦遇到火星便会发生爆炸。

4. 与氧化剂混合能形成爆炸性混合物

很多混合炸药是易燃固体和氧化剂按照一定比例混合制成的，有些易燃固体（萘、樟

脑）等直接由固态变为气态，当升华后蒸气和空气混合时就会发生爆炸。

（五）氧化剂和有机过氧化物

氧化剂危险物品是指在高氧化状态下，具有强氧化作用，易分解释放氧气和热量的物质。如氯酸钾、高锰酸钾、高氯酸、过硫酸钠等含有氧基的有机物，本身可能不会自燃但可能会导致可燃材料的燃烧。有机过氧化物是指分子组成中含有过氧基，易燃、易爆、易分解且对热、撞击或摩擦等异常敏感的一类有机物，例如过氧乙醚等。

氧化剂及有机过氧化物危险品的主要特征是：

1. 强氧化性

大多数氧化剂是由碱金属、碱土金属的盐或过氧化基组成的化合物，它具有强氧化性、易分解等特性，本身不会自燃，但在可燃物的作用下可造成着火、爆炸等事故。

2. 受热、被撞分解性

有些氧化剂在受热、受到撞击时容易分解出氧气，与易燃物、有机物接触极易发生火灾或爆炸。有机过氧化物本身具有易燃性，其分子中的过氧基非常不稳定，极易释放原子氧，受热分解成气体，容易导致爆炸。

3. 与可燃液体作用自燃性

有些氧化剂因接触可燃液体会导致自燃，如高锰酸钾与甘油或者乙二醇、过氧化钠与甲醇或醋酸、铬酸丙酮与香蕉水等接触会自燃着火。

4. 与酸作用分解性

多数氧化剂遇酸时都能起反应，反应一般都比较剧烈，甚至可能发生爆炸，例如与过氧化钠、高锰酸钾和硫酸接触是十分危险的。

5. 与水作用分解性

有些氧化剂尤其是过氧化钠等活泼金属的过氧化物，遇水会放出氧和热，有助燃作用，可使可燃物着火乃至爆炸。吸水的高锰酸锌成为液体后在接触纸和棉花等有机物时会立刻燃烧。

6. 强氧化剂与弱氧化剂作用分解性

强氧化剂和弱氧化剂接触会发生双重分解反应，并伴随高热，这种反应可能会引起火灾或者爆炸。弱氧化剂的氧化性虽然强，但当与氧化性较强的氧化剂相遇时，则会显示还原性，如漂白粉、亚硝酸盐等。

7. 毒性和腐蚀性

很多氧化剂具有一定的毒性与腐蚀性，对人体有毒害作用。因此，在运输和储存此类危险品时稍不注意，有可能导致燃烧和爆炸事故。

（六）有毒和感染性物质

有毒物质是指在进入人体后累积到一定量，会作用于体液及器官组织，引发生化或者生物物理反应，从而干扰或者损害人体正常生理功能。这些物质可能导致一些器官、系统发生暂时性或持续性病理变化，甚至威胁到生命。感染性物质是指已知或者含有病原体的物质，能够使人、畜染病的微生物或者微生物重组体。

有毒和感染性物质危险品的主要特征是：

1. 毒性和腐蚀性

有毒物质具有一定毒性及腐蚀性，对人体会产生毒害作用，在吸入或者皮肤接触后可导致死亡或者重伤。

2. 感染性和危险性

接触感染性物质危险品后可引起病态乃至死亡。

（七）放射性材料

该类化学品是指放射性比活度超过 74000 Bq/kg，能自发或者持续放射某一类辐射的物质。

放射性材料危险品主要有以下特点：

1. 放射性

放射性材料发出的射线包括 α 射线、β 射线、γ 射线、中子流四种类型，每种射线都会给人体造成极大伤害。

2. 毒性

许多放射性材料毒性很大，可能对人体造成严重的健康危害。

（八）腐蚀性物质

腐蚀性物质是指通过化学作用能够对人体组织造成严重损伤，或在渗漏时会对其他货物或运输工具造成实质性损害甚至毁坏的物质。

腐蚀性物质危险品主要有以下特点：

1. 腐蚀性

腐蚀性物质具有较强的腐蚀性，能与多种金属、有机化合物、动植物机体等发生化学反应。

2. 易燃性

许多腐蚀性物质具有易燃性，如甲酸，冰醋酸等。

3. 氧化性

有些腐蚀性物质具有较强的氧化性，可与木屑等可燃物发生强烈的氧化反应，引起燃烧。

（九）杂类危险物质和物品

杂类危险物质和物品是指在运输过程中呈现出未列入其他类别的危险的物质或物品，

主要包括对环境有害的物质、高温物质、经基因修改过的微生物或组织等。

二 危险品运输的特点

（一）门类种类繁多

国家标准《危险货物》列举了将近四千种常用危险品品名，并提出了品名表中各类危险品在储存和运输中应注意的事项，对包装的要求等也作了更进一步的具体阐述。

（二）危险性高

危险品的物理化学性能比较特殊，在运输过程中如果防护不到位，很容易发生着火、爆炸等事故。

（三）运输管理高度规范

危险品运输企业需要进行高度规范管理和经营，承运车辆须满足危险品运输条件，并配备相应的设备，危险品操作人员须接受各种操作培训后持证上岗。

（四）专业性强

危险品运输是一项技术性、专业性强的作业，既要具备普通货物运输条件，又要避免超载、超速及其他危害行车安全的行为，还必须依据商品的物理和化学性质，具备特殊运输的条件。

三 危险品运输法律法规

（一）关于危险品标准的法律规定

我国现行有关危险品的国家标准包括《危险货物分类和品名编号》《危险货物品名表》《危险货物道路运输规则》等。

（二）关于危险品运输包装的法律规定

我国目前对危险货物运输包装的重要法规主要包括《危险货物运输包装通用技术条件》《放射性物品安全运输规程》《公路、水路危险货物运输包装基本要求和性能试验》。

（三）关于危险品运输包装标志和标签的法律规定

我国关于危险品运输包装标志和标签的法规主要有《运输包装收发货标志》《包装储

运图示标志》《危险货物包装标志》《化学品安全标签编写规定》《气瓶颜色标志》。

（四）关于危险品运载工具的法律规定

国家颁布的有关危险品运载工具的法规主要有《运油车、加油车技术条件》《液化气体汽车罐车安全监察规程》《散装运输液化气体船舶构造与设备规范》《国际散装运输危险化学品船舶构造和设备规则》《油轮安全指南》等。

四 危险品配送管理规范的制定

（一）危险品入库出库管理

（1）危险品凭采购单和发货单进行验收。

（2）不可计数的危险品须经过计量后才能进入仓库验收。

（3）领货人员不允许随意出入仓库，必须有保管员陪同，严禁在货架上独自取货。

（4）核实并发放供货质量评价表，做好危险品报检。

（5）入库验收时须检查运输车辆资质。

（6）针对不符合要求的危险物品包装，不予验收入库。

（7）做好危险品出入库登记台账。

（8）对库内温湿度进行日常巡检记录。

（二）危险品储存安全管理

（1）入库前进行严格的检验，入库后进行定期检查，入库时须做好相关标识。

（2）各类危险物品要分库堆放，保持库内通风、干燥，避免阳光直射。

（3）危险物品仓库的消防通道不能被遮挡或阻塞，并保证灭火器在有效期限内。

（4）严禁将火种带入危险物品库房，并对进入库房的领料人员进行检查，建立检查台账，以便查阅。

（5）除叉车外，仓库内不允许任何机动车辆出入，出入库房的叉车要定期检查是否安装阻火器，并建立台账，以便查阅。

（6）危险品保管人员须受过专业训练，并具有相应的职业资格证。

（7）送货运输车辆须在黄线以外停车卸装货。

（8）在危险品仓库内严禁堆放易燃废料。

（三）危险品配送运输管理办法

除遵守国家的相关法律和法规之外，危险物品的配送运输必须遵守以下的管理办法：

（1）在配送车出发之前，运输配送员应仔细检查驾驶车辆的连接、传动、刹车、线路、照明、灭火器等，以确保车辆的技术性能及重要部件达到安全行驶要求。

（2）在运输过程中，驾驶员严禁抽烟，且应对所载危险物品的特性和各零部件的安全技术状况进行检查，一旦发现不安全因素，必须及时排除。

（3）车辆必须装备与所运送的危险物品特性相适应的消防设备，并将其置于便于使用的位置。

（4）运输人员应穿工作服、工作鞋、手套等劳动防护用品。

（5）车辆装载的危险品不允许超重、超宽、超高。

（6）针对雨雪天气等特殊状况，须对配送运输的危险品加强防护。

（7）在使用电动汽车配送运输时，应对电池采取加固措施，且电瓶口的朝向一致。

（8）卸货时应将货物放在指定的配送地点，并由相关工作人员进行交接。

第二节 | 冷链配送管理

一 冷链配送商品的特点

（一）生鲜易腐性

冷链配送的产品涉及范围广泛，包括果蔬类、海鲜类、肉类、鲜奶类等农产品，以及冷冻食品、熟食品、奶制品等加工食品，甚至还包括疫苗、医药品等特殊商品。这些商品在冷链配送的任何一个环节都容易发生腐坏变质现象，因此必须严格控制湿度和温度，以确保生鲜产品的品质。

（二）时效性

冷链配送的产品主要是生鲜易腐坏产品，这类产品对于送达时间有着严格要求。一旦超出最佳送达时间，那么产品的质量会受到影响。只有尽可能缩短生鲜产品从生产加工基地到销售地点的时间，才能最大限度地保证产品的质量。

（三）货损比例高

冷链配送的货物具有生鲜易腐坏特性，如果在配送过程中的温度和湿度控制不到位，就可能会导致高比例的货物损失。

二 冷链配送管理过程中影响商品质量变化的因素

（一）空气温度

空气温度是影响商品质量变化的一个重要因素。一般来说，商品在常温或者常温以下的环境下存储，能够保持比较稳定的状态；低温存储容易导致商品出现结块、凝固、沉淀等现象；高温存储容易导致商品出现挥发、氧化、融化等物理以及化学变化；温度不稳定也会对商品质量的稳定性造成影响。

（二）空气湿度

空气湿度变化会引起商品的化学成分、含水量、外形结构等发生变化。湿度升高，商品内含水量增加，其重量也相应增加；湿度下降，商品内含水量下降，其重量也相应下降。

三 冷链配送模式

（一）传统农产品冷链配送模式

当前我国农产品主要的供应渠道是批发市场，并且农产品的冷链配送模式同样是以批发市场作为主导。目前，我国农业生产商仍以农业个体户为主，表现出分散、多样化以及小规模的特征。为了形成规模效应，农业合作社将农产品在产地批发市场进行汇集，通过主渠道把农产品运输到销地批发市场，再通过分销商把农产品配送到集贸市场、连锁超市和餐饮酒店，最终到达消费者手中，形成一种产地市场与销售地市场相结合的"双市场"模式，如图 8 - 1 所示。

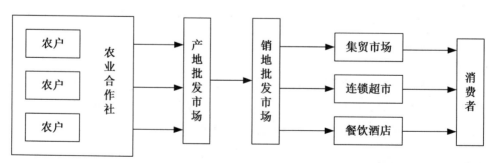

图 8 - 1 "双市场"农产品冷链物流配送模式

对于消费者群体较大的产地市场，农产品可以通过产地批发市场流通到农产品零售商或者消费者手中，形成了一种"产地中心市场"模式，如图 8 - 2 所示。

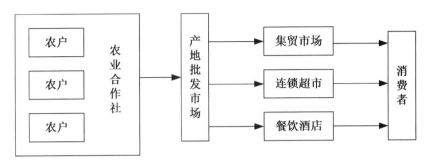

图8-2 "产地中心市场"农产品冷链物流配送模式

农业合作社对农产品进行有计划的规模化生产,农产品通过农业合作社经主渠道运输到销售地农产品批发市场,形成一种"销地中心市场"模式,如图8-3所示。

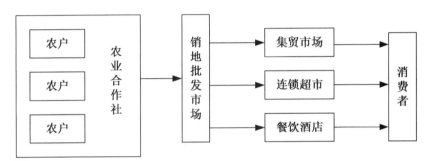

图8-3 "销地中心市场"农产品冷链物流配送模式

(二)加工企业主导型的冷链配送模式

大型农产品加工企业主要围绕一种或者多种农产品,通过与农户签订合同,规定农产品的规格与类型,农户根据合同规定进行农产品生产,之后企业根据合同约定的价格收购农产品,再经过流通加工以及包装后配送到零售商处,再进入市场,如图8-4所示。

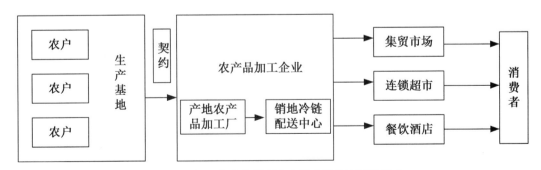

图8-4 加工企业主导型农产品冷链物流配送模式

(三)电商直销模式下的冷链配送模式

电商直销中农产品冷链配送有以下几种类型:

1. 农超对接模式

"农超对接"模式是一种农户或农业合作社直接向超市、便利店提供农产品的流通方式，如图8-5所示。在这种模式中，大型连锁超市利用其在市场信息和管理方面的优势，直接参与到农产品生产、加工、流通过程中，为农产品生产提供配送、技术、销售、服务等支持。

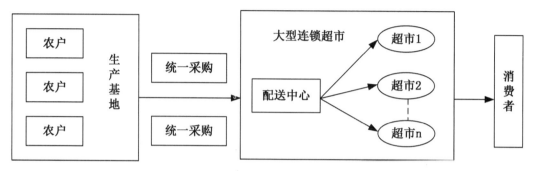

图8-5　"农超对接"模式

2. 社区直销模式

"社区直销"模式是指农民专业合作社与城市社区达成意向合作协议，由农民专业合作社向社区居民提供生产的农产品的一种流通方式。农业合作联社"社区直销"模式如图8-6所示。

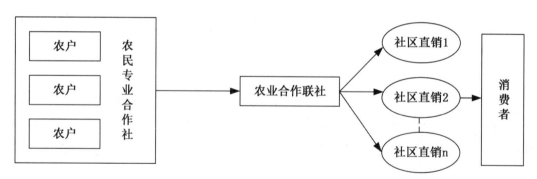

图8-6　农业合作联社"社区直销"模式

农批市场"社区直销"模式如图8-7所示。

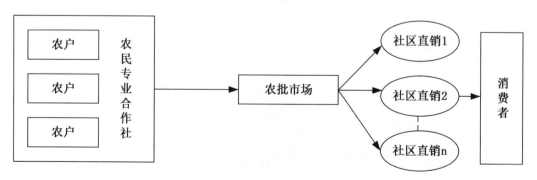

图8-7　农批市场"社区直销"模式

3. 团体直供模式

"团体直供"模式是指针对一次性购物数量大、消费渠道固定的消费大户，农民专业合作社与学校、食堂、企业、医院等消费团体进行合作，通过构建"团体直供"供应渠道，提供农产品直供服务。常见的"团体直供"模式有农校对接、农医对接、农企对接等，如图8-8所示。

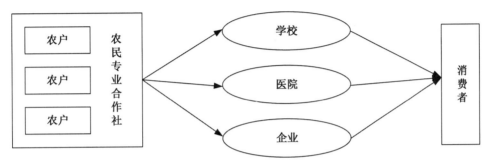

图8-8　"团体直供"模式

4. 生鲜电商模式

"生鲜电商"模式是指在互联网上借助电子商务的手段直接销售生鲜产品，如海鲜产品、蔬菜水果、肉禽类产品等，如图8-9所示。"生鲜电商"模式主要是以B2C模式为基础，针对生鲜类产品的鲜活性、易腐性、时效性以及货损较大性等特点，借助生鲜电商平台的高效性、低成本的优势，以实现精准定位、及时服务以及物流快速配送等目的。

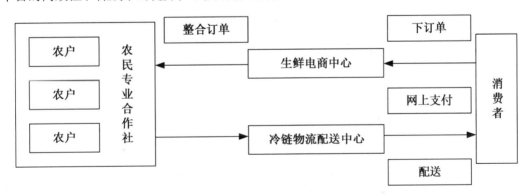

图8-9　"生鲜电商"模式

（四）医药冷链物流配送模式

第三方医药冷链物流企业是指为医药流通企业和生产企业提供全部或者部分符合《药品经营质量管理规范》（GSP）要求的冷藏药品存储、配送、验收、管理以及养护等物流服务的外部供应商。

第三方医药冷链物流企业集"医药企业物流"和"物流企业"于一身，既是医药生产者的成品库，又可能成为医药批发交易的终端寄存库。当委托方（如批发商、医院、药房以及制药厂等）对其上级供应商提出采购需求时，供应商从仓库直接发货到第三方医药冷链物流配送中心，根据 GSP 监管标准，第三方医药冷链物流中心对货物进行验收入库，并对冷藏药品进行专业化管理以及存储。当第三方医药冷链物流中心接收到委托方发出的货物到达预报时，它将根据委托方的需求进行冷链配送服务。与此同时，上级供应商可将部分或者全部冷藏药品存储在第三方医药冷链物流中心。当下级订货商向上级供应商下达采购订单时，第三方医药冷链物流中心可代为进行订单处理、备货、配送等活动。

第三节 | 跨境商品配送管理

跨境电商是指分属不同关境的交易主体，通过电子商务平台达成交易，进行支付结算，并通过跨境物流送达商品、完成交易的一种国际商业活动。

一 直邮

（一）国际邮政

国际邮政一般分为普通空邮和挂号。普通空邮的费用较低，一般不提供实时追查服务，时效性比挂号慢；挂号需要支付挂号费，可以提供实时追查服务。普通空邮和挂号的价格都比较优惠，通关也比较便利，两者在国际运输中一般都选择空运。国际邮政配送模式的业务流程，如图 8 – 10 所示。

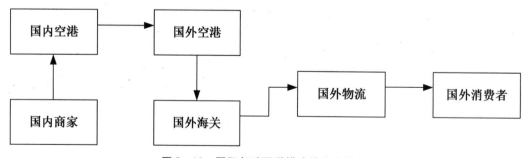

图 8 – 10　国际邮政配送模式的业务流程

（二）国际快递

国际快递企业主要有 EMS、DHL、TNT、UPS、FedEx、TOLL、Aramex 等。国际快递与国际邮政都拥有属于自己的物流网络系统，且内部基础设施和信息技术比较先进。国际快递的时效性和安全性都较高，用户可以有良好的物流体验。对比其他物流配送模式而言，国际快递的费用较高，所以价值高、重量大于 2 kg 的物品可以选择国际快递配送模式。

二 海外仓

海外仓储配送是指国内企业以大宗运输的形式将商品运送到海外市场国家，并且在当地建立物流仓库进行商品存储，然后按照当地的销售订单，第一时间作出响应，及时从当地仓库进行商品的分拣、包装以及配送等。海外仓配送模式的业务流程，分为以下三种：头程运输、海外仓储管理和尾程派送，如图 8 – 11 所示。

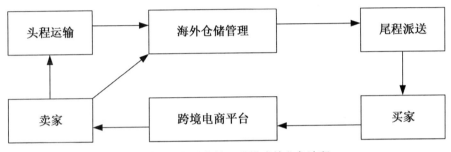

图 8 – 11　海外仓储配送模式的业务流程

（1）头程运输。头程运输是指国内电商商家通过国际物流将商品运输到海外仓的全过程，包括理货、订舱、报关、国际运输、清关等一系列环节。

（2）海外仓储管理。海外仓库管理主要分为验收、上架、拣货、复核、包装、发运、盘点、移库、转仓等环节。

（3）尾程派送。在收到出库订单时，海外仓商家会与境外的物流公司合作，将商品运送到客户手中。

三 专线物流

专线物流模式是跨境电商交易活动中常见的物流配送模式，通常采用空运方式，将国内货物运至国外，具有专门的运输路线和大批量运输的特点，地区针对性强。其时效性和物流费用介于国际邮政和国际快递之间，具有门到门的服务水平。专线物流在清关服务方面表现出色，通常采用大包 DDP 模式进行清关。除此之外，还有其他清关方式可供选择，如 CIF、DAT、FOB 等。

练习与思考

1. 危险品配送和普通货物配送过程有什么需要注意的地方？

2. 在跨境货物配送风险控制中如何把握风险规避和成本要求之间的关系？

3. 什么叫专线物流？

章末案例

六安市一辆运送甲醇的危化品车辆发生泄漏事故

2022年3月22日16时20分，六安市交通局接到道路运输险情报告，一辆运送34吨甲醇的危化品车辆在裕安区大平岗发生泄漏。接报后，六安市交通局高度重视，迅速启动《危化品道路运输事故应急预案》，组成调查队第一时间赶往事发现场，同时向公安、消防、路政、高速交警等部门通报险情。

经查，一辆牌照为皖C-3＊＊3挂的危化品运输车辆载运34吨甲醇（三类危险品）在六安西高速下道口发生罐体泄漏，执法人员当即驾车追至G312大平岗予以截停，六安市交通综合执法支队六大队、裕安大队立即组织人员对现场进行应急管控，防止过往车辆发生碰撞事故，在交通执法人员密切配合下，皖C-3＊＊3挂驾驶员按照规定程序对罐体泄漏作紧急处置，阻止甲醇继续泄漏。当日下午5时许，六安市交警部门护送该车转移至安全地带，重大险情得以解除，事故车辆所属企业怀远县某物流有限公司已派出专用车辆将对甲醇进行转运。

（资料来源：一辆运送甲醇的危化品车辆发生泄漏　六安市交通局紧急处置［EB/OL］.（2022-03-24）［2024-10-01］. https：//baijiahao. baidu. com/s？ id＝1728153494852867147&wfr＝spider&for＝pc.）

参考文献

[1] 蒋宗明，王兴伟，周爽．物流配送管理实务［M］．合肥：安徽大学出版社，2022.

[2] 关善勇．连锁企业物流配送管理实务［M］．武汉：华中科技大学出版社，2021.

[3] 李学工，李靖，李金峰．冷链物流管理［M］．2 版．北京：清华大学出版社，2019.

[4] 李海明，薛刚．物流配送实务［M］．北京：北京理工大学出版社，2019.

[5] 殷延海，焦刚．互联网＋物流配送［M］．上海：复旦大学出版社，2019.

[6] 马笑，刘昌祺，刘康．智能物流配送中心：设计·装备·案例［M］．北京：化学工业出版社，2021.

[7] 张翼．电子商务物流配送［M］．上海：中西书局，2021.

[8] 王雁凤．物流配送网络优化：考虑回收与调货的时效产品双向配送［M］．北京：化学工业出版社，2020.

[9] 苏巧玲，郭仪．运输与配送管理［M］．武汉：华中科技大学出版社，2020.

[10] 李春英，韩莹．连锁经营管理基础［M］．北京：国家开放大学出版社，2021.

[11] 刘芳，吴波，李滨．仓储与配送管理［M］．北京：北京交通大学出版社，2020.

[12] 鲁馨蔓．电子商务物流管理与应用［M］．北京：北京大学出版社，2019.

[13] 嵇莉莉，马阿日娜．电子商务物流［M］．广州：广东教育出版社，2019.

[14] 耿元芳，刘贵容．物流管理［M］．北京：经济管理出版社，2021.

[15] 鲁渤．物流管理［M］．北京：科学出版社，2023.

[16] 鲍芬，孙学珊．物流管理［M］．兰州：兰州大学出版社，2022.

[17] 丁永琦．物流管理［M］．北京：企业管理出版社，2019.

[18] 张荣，刘秀英，孔涛．物流管理［M］．北京：电子工业出版社，2019.

[19] 覃忠健．电子商务物流配送［M］．北京：电子工业出版社，2021.

[20] 舒秘，孙润霞，邓莉．供应链管理［M］．哈尔滨：哈尔滨工程大学出版社，2020.

[21] 靳荣利，杜文意．供应链管理：基于 ITP 一体化教学管理平台［M］．北京：机械工业出版社，2020.

[22] 王仲君，王臣昊，邵举平．物流学：案例、研习与思考［M］．北京：清华大学出版社，2021.

[23] 黄敏芳．电子商务物流配送：车辆路径方案的智能生成方法［M］．北京：电子工业出版社，2019.

[24] 姜金德，卢荣花，杨静，等．物流成本管理 ［M］．南京：东南大学出版社，2021．

[25] 周慧，黄朝阳，陈英慧，等．仓储与配送管理 ［M］．南京：南京大学出版社，2017．

[26] 王静．现代物流管理与战略 ［M］．陕西：陕西人民出版社，2016．

[27] 周长青，付蕾．电子商务物流 ［M］．重庆：重庆大学出版社，2017．

[28] 赵智锋，叶祥丽，施华．供应链运作与管理 ［M］．重庆：重庆大学出版社，2016．

[29] 侯立军．粮食行业结构优化研究 ［M］．南京：东南大学出版社，2014．

[30] 闻海燕．粮食安全 ［M］．北京：社会科学文献出版社，2006．

[31] 柯新生．电子商务 ［M］．北京：清华大学出版社，2006．

[32] 何庆斌．仓储与配送管理 ［M］．上海：复旦大学出版社，2015．

[33] 刘璠．基于产业集群的物流系统构建与运行研究 ［M］．武汉：武汉大学出版社，2015．

[34] 于淼．供应链管理 ［M］．北京：高等教育出版社，2006．

[35] 王昭凤．供应链管理 ［M］．北京：电子工业出版社，2006．

[36] 赵林度，曾朝晖．供应链与物流管理教学案例集 ［M］．北京：科学出版社，2008．

[37] 胡彪，高廷勇，孙萍．物流配送中心规划与经营 ［M］．北京：电子工业出版社，2008．

[38] 朱凤仙，罗松涛．物流配送实务 ［M］．北京：清华大学出版社，2008．

[39] 王丰．现代物流配送管理 ［M］．北京：首都经济贸易大学出版社，2008．

[40] 尹立新．物流与配送实务 ［M］．北京：人民邮电出版社，2007．

[41] 张晓川．物流配送系统规划 ［M］．北京：中国水利水电出版社，2007．

[42] 李雪松．现代物流仓储与配送 ［M］．北京：中国水利水电出版社，2007．

[43] 徐贤浩．物流配送中心规划与运作管理 ［M］．武汉：华中科技大学出版社，2007．

[44] 陈平．物流配送管理实务 ［M］．武汉：武汉理工大学出版社．2007．

[45] 杨春．沃尔玛采购与物流配送 ［M］．深圳：海天出版社，2007．

[46] 孙宗虎，李世忠．物流管理流程设计与工作标准 ［M］．北京：人民邮电出版社，2007．

[47] 王微怡，王晓平．物流管理信息系统规划与建设 ［M］．北京：北京大学出版社，2006．